小野善郎

思春期を生きる

高校生、
迷っていい、
悩んでいい、
不安でいい

福村出版

はじめに

この本は、思春期のまっただ中にいる高校生のみなさんに、今自分たちが生きている思春期とはどんなものかを知ってもらい、悩みや不安の多い不確かな数年間を乗り越えていくのに少しでも役立つことを願って書きました。思春期というと何やら難しそうに思うかもしれませんが、この本は「思春期とは……」という堅苦《かたくる》しい教科書のようなものではなく、筆者が児童精神科医として30年あまりの臨床活動の中で出会った子どもたちと一緒に考えてきた経験的な思春期の生き方ガイドブックのような内容になっています。

中学生から高校生にかけての「思春期」と呼ばれる時期は、何かにつけて悩みごとや心配ごとが多く、ときには心が折れて何もかもが嫌になってしまうこともあります。とりわけ、高校受験を控えた中学3年生からの3～4年、つまり15歳から18歳ごろは、自分のしたいことや進路についての悩みなど、大人への道につながる重大な問題に直面し、ますます迷いが深まります。親や先生は「自分のしたいことをやればいい」と言ってくれても、それが簡単に見つかれば苦労しません。

たぶん思春期は人生でいちばん悩みの多い時期かもしれません。それはけっして一部の人だけのことではなく、いつもポジティブで、まわりからは悩みとは縁がないように見える人でも、この時期に悩みがないことはありません。「青春を謳歌《おうか》する」というようなまぶしい若者たちの姿がある一方で、もうすぐ大人として生きていく現実を前に、自分自身の不確かさは得体《えたい》の知れない不安となって襲いかかってきます。何かに打ち込むことで紛《まぎ》らすことはできても、不安が消え去ることはありません。

「迷い」「悩み」「不安」は、まさに思春期の三大テーマです。もちろん、これらは思春期だけではなく、どの年代にもありますが、思春期の場合はがむしゃらに自分で答えを見つけようとすることで、よりいっそう苦悩するのが特徴です。親に頼って助けてもらうのは嫌だし、かといって自分だけではどうしていいかわからない――「自分で考えて自分で決める」とこだわればこだわるほど悩みは深まります。そんな思春期に芽生える「自主性」とか「主体性」が思春期をより悩ましくします。

とはいえ、一人だけではどうにもならないので、誰かに助けを求めることは大切です。友だちや先輩、信頼できる先生などに相談したり、学校のカウンセラーや電話やメールの相談を利用する人もいます。直接相談するのが苦手な人は、いろんな本を読んだり、インターネットで調べたりして、答えを見つけ出そうとするかもしれません。一人だけで考えないで、助けを求めることは良いことですが、残念ながらそこで答えが見つかることはなかなかありません。一緒に考えたり、アドバイスや提案をしたりしてもらうことはできても、ズバリこうすればＯＫという答えはもらえません。

思春期の悩みの代表的なものが「本当の自分」探しです。でも、これこそ明快な答えが出せない悩みの典型例で、とことん追い求めていけばまさに哲学的な思索になってしまって、ますます出口が見えない迷路に入り込んでしまうことになります。この悩みの迷路に踏み入った人は、納得できる答えが見つからないかぎり、一歩も前に進めないジレンマに陥《おちい》り、それが「ひきこもり」と呼ばれる状態に追い込まれる要因にもなります。難題に向き合っているうちに、無情にも時間はどんどん流れていき、自分だけが取り残されていく焦《あせ》りがつのります。

たしかに思春期の悩みの一つひとつを解決して前に進んで行くことができれば最高ですが、自分探しという難問にかぎらず、ほとんどの悩みはすっきりと解決しません。むしろ解決しない悩みこそが思春期の特徴といってもいいかもしれません。大人は悩みを聴いてあげることはできても、答えを出してあげることはできません。思春期の悩みにはどんな専門家もほとんど無力といってもいいかもしれません。ではどうすればいいのでしょうか？

難しい問題への対処はテストの要領と同じです。答えられない問題は後回しにして、できる問題を先に解いて、少しでも点数を稼ぐというやつです。ちょっと奇妙なたとえと思うかもしれませんが、思春期の悩みにもこのやり方は有効です。というのも、思春期の悩みのほとんどは思春期に固有のものであり、思春期を過ぎれば考えなくなって忘れてしまうからです。つまり、真正面から向き合って解決しようとせず、思春期が過ぎ去るのを待つという戦略です。実際に、大人はみんな思春期の悩みを経験してきていますが、大人になったとたんにすっかり忘れて、自分の子どもが思春期になって悩んでいてもぜんぜん理解することができず、「くだらないことを考えていないで、ちゃんと勉強しろ！」なんて言ったりするものです。

とはいえ、思春期の悩みがどうでもいいものだということではありません。それは大人になる前にどうしても向き合わなければならない、思春期の大切な仕事だと思います。重要なことは結果ではないということです。悩むこと自体は意味のあることですが、悩みながら思春期を過ごして、人生の次のステージへコマを進めなければなりません。そして、悩んでいるうちに迷子にならないように、思春期を生きることがポイントになります。

思春期についての本はたくさんあるし、いろんなアドバイスが詰まった本もありますが、思春期の悩みは一人ひとり違うので、自分にぴったりのものを見つけることは難しく、そこに自分が求める答えがあったとしても、また別の悩みが出てくれば、もう一度答えを探し求めることになって、どこまでいってもキリがありません。ひとつの答えに救われても、ホッと安心するのはつかの間で、またすぐに次の不安に襲われ、いつまでたっても安心できないばかりか、何かに頼れば頼るほど自分で考える力が低下して、自信が失われていきます。答え探しだけでは堂々めぐりの悪循環になりかねません。

この本では、別の視点から悩ましい思春期を生きる方法を提案したいと思っています。それはなかなか見つからない自分探しをするのではなく、「今の自分の位置を知る」ことで、闇夜《やみよ》の中を進むような思春期を道に迷って遭難しないように生き抜くというやり方です。たしかに思春期は大変な時期ですが、長い人生の中ではほんの短い時間です。ここさえ乗り切れば多くの悩みは消えます。そのかわり、大人としてのもっと現実的な苦労が次々と現れてくるでしょうが、それこそが人生で、人間としてのさらなる成長を求められることになるでしょう。でも、まずは大人としてのスタートラインに立つことが思春期の目標です。

自分が何者なのかがはっきりしなくても、今まさに経験している思春期がどんな時期なのか、そこで何が起きて、どうなっていくのか、何が助けになって、何が役に立たないのかを知ることで、はっきりとした目標が見えなくても前に進んで行くことができるでしょう。トンネルの出口は見えなくても、出口まであとどのくらいなのかがわかるだけでもとても大きな助けになると思います。

思春期を生きるのはあなた自身であり、一人ひとりの生き方はみんな違います。だからみんなに共通する正解はありません。今の自分の位置、つまり思春期を知ることで、大人に向かって歩みを進めていけるように、この本がナビゲーションの役割を果たすことができればと思います。

それではさっそく今みなさんが生きている思春期の世界を見ていくことにしましょう。

小野善郎

思春期を生きる
――高校生、迷っていい、悩んでいい、不安でいい

もくじ

はじめに　3

I　思春期の世界

第1章　思春期という時間　16
現在地を知ること　16／位置情報としての成績　17／今、人生のどのあたり？　19／思春期の定義　21／思春期よりも高校生　23／思春期は子どもの一部？　25／思春期というトンネル　26

第2章　大人になるということ　29
思春期の目的地　29／大人はわからん！　31／子どもと大人の境界線　32／大人の定義　35／大人見習い　36／大人の要件　38／大人へのスタートライン　40

第3章　思春期の風景　42
今の自分の姿　42／ふたつの風景　43／大人から見た風景　45／当事者が見ている風景　47／もうひとつの風景　49／激動の思春期　50／思春期の生態系　52

第4章　過去の呪縛《じゅばく》　54
伝統と文化　54／高校受験は自己決定　56／二世代をさかのぼる　58／世代間ギャップ　59／三世代の高校　61／高校に行く文化　63／そして、己を知る　65
第5章　思春期の安全　68
転ばぬ先の杖《つえ》　68／ライ麦畑のつかまえ役　69／思春期の危ない行動　72／第二の誕生　73／心の危機　75／「心を病む」というたとえ　77／安全の秘訣《ひけつ》　79
Ⅱ　思春期の仕事
第6章　学校に行くという仕事　82
学校のある生活　82／学校に行く義務　83／学校は子どもの仕事場　85／過酷な労働　87／何をする仕事だろうか　89／学校で何を学ぶのか　91／学力がすべてではない　93
第7章　思春期の課題＝本当の仕事　96
見せかけの成果　96／思春期にすべきこと　98／思春期の課題——自己決定、責任感、自信　100／本当の仕事——迷い、悩み、不安　102／もうひとつの仕事＝反抗　105／結論は出ないけど　107

第8章 自分探し 109
自分探しの迷宮 109／とらえどころがない自分 111／自分らしさ 113／変わりたい、でも変わりたくない 115／とりあえずの自分 117／やっぱり結論は出ない 119
第9章 出会いと経験 122
自律と依存 122／複雑な生態系 124／友だちの功罪 125／自分の世界 127／親への依存 129／親以外の大人 131／あえて世話になる 133
第10章 今を生きる 135
思春期を楽しむ 135／まぶしい青春時代 137／非効率な思春期 138／思春期の学び 140／思春期の特権 142／安全のための注意点 143／まだ未完成、でもほぼ完成 145
Ⅲ 思春期を超えて
第11章 すべてはこれから 150
結果がすべてではない 150／学歴という結果 152／学歴の意味 154／能力のものさし 155／結果よりもモチベーション 157／スタートラインに立つ 159／すべてはここから 161

第12章 大人になる準備 164
成長の節目《ふしめ》 164／節目の年齢 166／子どもとの決別 167／甘えの清算 169／三途《さんず》の川を渡る 170／自分に折り合いをつける 172／新たな親子関係 174

第13章 自分探しのゆくえ 177
初志貫徹《しょしかんてつ》 177／為《な》せば成《な》る？ 179／つながり 181／人の中で生きる 183／ほかでもない自分 184／しがらみ 186／自分探しのゴール 188

第14章 思春期の終わり 190
思春期は終わるもの 190／それでも青春は続く 192／結局、答えは出ない 193／ポスト思春期 195／正しい思春期の終わり方 197／これからの親との関係 199／生きる力 201

第15章 思春期を生きるということ 203
大人の原点 203／初心を忘れる 205／未練、後悔、憧憬《しょうけい》 207／パンドラの箱 209／心の故郷 210／夢は続く 212／人生の礎《いしずえ》 214

あとがき 217

Ⅰ　思春期の世界

第1章　思春期という時間

現在地を知ること

今、自分はどこにいるのだろうか？――日常生活の中で気にすることは少ないかもしれません。ボーッと考えごとをしながら歩いていても、ちゃんと学校にたどり着いているし、学校の中で迷子になることもないでしょう。学校帰りに寄り道をしても、そこから家まであと何分くらいで帰れるかもだいたいわかります。自分の生活圏内《けんない》では、自分が今どのあたりにいるかをいちいち頭で考えることなく、ほとんど直感的に居場所を把握しているので、不安になることもありません。

ところが、いつもとちょっと違う場所に行ったときには、今自分がどこにいるのかはとても重要な問題になります。自分が行こうとしているところはどっちの方向なのか、ここからあとどのくらいの距離なのかを考えながら動きます。べつに用事があるわけでもなく、ただぶらぶらしているだけでも、見慣れない場所に来れば「ここはどこ?」と気にするものです。どっちから来たのかもわからなくなれば、迷子になった心境で不安になります。私たちは自分の現在地がわからなくなると、ときには身の危険すら感じるほどの不安感に襲われます。

大自然の中での冒険では地図とコンパスを頼りに自力で現在地を見つけなければなりませんが、私たちのふだんの生活ではわざわざそんなものを持ち歩く必要はありません。街の中にはあちこちに標識があり、ショッピングモールやテーマパークにはわかりやすい案内図があって、必ず赤丸や星印で「現在地」がマークされています。英語では"YOU ARE HERE"――まさにあなたが今いるところです。

そんなめんどくさいことを考えなくても、今ではみんなスマホを持っているので、ピンポイントで自分の現在地を知ることができるし、目的地までの経路も時間も教えてくれます。それは便利であると同時に、私たちを不安から守る役割も果たしています。

位置情報としての成績

高校生のみなさんにとって、学校の成績は気になることかと思います。受験生の人にとっては、成績によって進路が左右されるので、高校生活のとても重要な目標であり、結果として重大な意味を持ちます。赤点ギリギリの人にとっては、成績は進級や卒業に影響する、まさに死活問題かもしれません。成績の意味は人それぞれですが、いずれにしても高校生にとってどうでもいいものではないことは間違いありません。

高校生活は成績がすべてではありませんが、成績はテストの点数や順位などの数字で表されるので、具体的な評価基準になりやすく、上がったり下がったりすることで一喜一憂しがちです。しかし、数字で表される成績は、先生や親からプレッシャーをかけられる厄介《やっかい》なものであると同時に、じつは自分自身の不安をやわらげる役割も持っています。それは自分の現在地を知るための情報としての成績です。テストを受けて結果が返ってくると、クラスや学年で何番か、あるいは平均点よりも上か下かということで、自分の学力の現在地がわかります。受験の場合は校内の現在位置だけではダメなので、もっと多くのデータで比較して偏差値という数字で表され、それが受験生としての位置情報になります。

最近は偏差値というものが勝手に一人歩きしてしまって、まるで「頭の良さ」を表すものさしのように使われることが多くなってしまいました。偏差値の高い大学に合格したら「頭が良い」と言われたり、「あいつ偏差値高いし」という言い方も耳にします。しかし、そもそも偏差値が「発明」されたのは、受験生の能力を比べるためではなく、大勢の受験生の中で、今自分はどのあたりにいるかがわかることで、受験への不安をやわらげるためでした。

つまり、分相応《ぶんそうおう》の志望校を選ぶことで受験に失敗する不安を軽減することが目的でした。やみくもに突っ込んで当たって砕けろという受験から、信頼できる位置情報を手に入れることで、より「安全な」受験を実現したのが偏差値なのです。

いずれにしても、自分の現在地を知るということは、不安を軽くすることにつながり、生きやすくするのにとても役立ちます。

今、人生のどのあたり？

さて、この本のテーマである「思春期」というのは、地図や案内図に示される場所というよりも、人が生まれてから死ぬまでの人生の中での時間的な位置を表すものといえます。つまり、人間の一生という時間軸上での位置情報です。では、思春期まっただ中の高校生のみなさんは、今、人生のどのあたりを生きているのでしょうか。

人間の一生といっても、まだまだこれから先の長い人生を生きていく高校生にとってはピンとこないかもしれません。日本は世界的にも長寿の国なので、だいたい80歳から90歳くらいまで生きるのがふつうになり、１００歳以上の人も珍しくなくなりました。まだ15～18年しか生きていない高校生にとって、死はあまりにも遠すぎてまったくイメージできないのも無理はありません。「あと何年生きられるだろう」と考えながら生きている高校生はそんなにいないでしょうが、少なくとも今まで生きてきた時間よりも、これから生きていく時間のほうが圧倒的に長いと考えるのがふつうだと思います。

もちろん、いつまで生きるかは、まさに神のみぞ知るという問題なので、人生のどのあたりにいるかを正確に知ることは不可能です。でも、とりあえず長い人生をいくつかに区切って、だいたいの現在地を確認することはできます。

もっともシンプルな人生の区分は、「子ども」「大人」「老人」という3区分です。一般的には年齢で区分され、国の人口統計では、15歳未満が「年少人口」、15～64歳が「生産年齢人口」、65歳以上が「老年人口」と定義されています。このうちの「生産年齢人口」が大人に相当することになりますが、そうなると高校生はすでに大人の世界にいることになってしまいます。ただ、この「生産年齢」というのは、あくまでも「働くことができる年齢」なので、実際に働いているかどうかは関係ありません。

年齢による区分は人口集団の中での位置づけなので、一人ひとりの人生の現在地とは少し違います。一人の人間は生まれてから大人になり、年老いて死んでいくというライフサイクルをたどり、その全期間が人生ということになります。個人のライフサイクルの視点からは、思春期は子どもと大人の中間に位置づけられ、まだ大人にはなっていないけれども、子どもとしては最終的な段階になります。つまり、思春期は人生の中で子どもから大人になる直前の時間として位置づけられるものというわけです。

思春期の定義

もともと思春期というのは身体的な変化で特徴づけられる時期で、教科書的にいえば第二次性徴[*1]が現れることで思春期が始まり、身長の伸びが止まるところで思春期が終わると定義されています。性ホルモンの活動が活発になることによって排卵や射精が見られるようになり、妊娠・出産が可能になります。思春期の始まりには男女差があって、女子では10〜12歳ごろ、男子は13〜14歳ごろが一般的ですが、第二次性徴が出てきたら女子はすぐに妊娠・出産するというわけではありません。一般に、10代は妊娠しにくく、妊娠しても流産や早産、低出生体重などのリスクが高いので、生殖機能としてはまだ十分に成熟していません。

生き物はみんな子どもから大人になって年老いて死ぬという流れは同じなので、人間以外の動物にも大人になる前に思春期はあります。ネズミのような小さい動物では、すぐに成獣になってしまうので思春期ははっきりしませんが、もっと大きな動物になってくると子どもと大人の中間期を見ることができます。

＊１　思春期になって生殖腺（精巣や卵巣）以外に見られるようになる男女の特徴。男性は声変わり、筋肉の発達、女性は皮下脂肪や乳房の発達など。

たとえば、人間と同じヒト科に属するチンパンジーやゴリラには、第二次性徴が現れてから実際に子どもを産むまでに4～5年の期間があることがわかっています。この性的成熟から実際に子どもを産んで親になるまでの期間が、子どもと大人の中間期であり、本来の思春期に相当します。このように、思春期というのはけっして人間だけのものというわけではありません。

身体的な思春期の始まりと終わりは、動物の種類によってだいたい決まっていますが、人間の場合は身体の成熟ということ以外にも学校や仕事のような社会的な要素が絡《から》むので、少し複雑になります。

人口統計で15歳になれば「生産年齢」として大人に区分しているのと同じように、出生率の統計でも女性の15～49歳を「出産可能年齢」と定義していて、「子どもを産むことができる」という意味で15歳になれば大人の区分に入ることになります。あくまでも統計上の区分とはいえ、15歳で働き始めて出産するというのはまったく非常識と思うかもしれませんが、社会制度としては必ずしもそうではありません。なぜなら、義務教育は中学校までの9年間であり、15歳で中学校を卒業すれば大人として自立することができる社会制度はずっと続いているからです。

そうなると、人間の思春期もチンパンジーやゴリラと同じように4～5年ということになりますが、実際にはほとんどの人が高校に進学し、教育期間が長くなり、就職したり結婚したりする時期が遅くなることで、子どもと大人の中間期が長期化する傾向があります。つまり、社会の変化によって人間の思春期は本来の期間よりも長くなってきています。その結果、現在はおそらく人類史上もっとも思春期が長い時代に入っていると思われます。

思春期よりも高校生

子どもはみんな学校に行くのが当たり前になり、さらに学校に行く期間が長くなることで思春期が長期化してくると、あたかも思春期が学校教育に飲み込まれたかのように見えてきます。そうなると、個人差が大きく、男女によっても現れ方の違う身体的な思春期の中で自分の現在地を見つけ出そうとするよりも、学校や学年で示すほうがずっとわかりやすいかもしれません。実際に、16～17歳の人たちは、「今、思春期」よりも「高校2年生」と言うほうが、自分の現在地がわかりやすいし、親や友だちにとってもわかりやすいと思います。

日本では、幸か不幸か、小中学校では落第して留年することはなく、ほとんどの中学卒業生はそのまま「現役」で高校に進学するので、学年と年齢がほぼ一致します。そのため、子どもでいる間は年齢よりも学校・学年のほうが実用的で、実際によく使われる傾向があります。思春期を学校・学年に当てはめると、中学生と高校生が思春期に相当し、中学生は思春期前期、高校生は思春期後期ということになります。だから、ふつうは思春期という言葉を使わなくても、学校・学年だけでどのあたりの成長段階にいるのかがだいたいわかります。

そうはいっても、「思春期＝中高生」というほど単純なものでもありません。思春期の成長や発達は、学校のように授業を受けてテストに合格すれば大人になっていくというものではないので、思春期を学校・学年だけで説明するのでは見失われてしまうこともたくさんあります。高校生であれば、結局のところ卒業して進学や就職をすればいいのかもしれませんが、それだけで大人になるという思春期の目標が達成されるわけではありません。

子どもから大人にかけての中間期を、どうやって生き抜いていくかを考えていくためには、やはり思春期をしっかりと見ていくことが大切です。だからこそ「高校生とは」ではなく「思春期とは」という問いはどうしても必要になってきます。

もちろん、現代の思春期の後半はほぼ完全に高校時代と重なっているので、高校生ということを無視して思春期を語ることはできませんが、思春期はあくまでも人生の中での一期間であり、ここから大人に向かって進んで行く子どもとしての最後の段階であるということは、しっかりと押さえておかなければなりません。

思春期は子どもの一部？

思春期が子どもの最終段階ということになると、理屈の上では思春期の間はまだ子どもであるということになります。高校生のみなさんは、自分を子どもと言われるのをどう思いますか？　中学生のうちは子どもと呼ばれてもしかたがないかもしれませんが、高校生になって子ども扱いされるとムッとしませんか？　一般論としては子どもであったとしても、あからさまに子どもと言われるのには抵抗を感じる微妙なポジションだと思います。

同じことを高校の先生たちも感じているようです。学校の世界では、学校の種類によって子どもたちの呼び方が変わります。小学生は「児童」、中学生と高校生は「生徒」、大学生や専門学校生は「学生」と呼ぶことが、学校教育法という法律で定められています。とはいっても、大人から見ればみんな子どもなので、正式な文書では「児童生徒」と書いても、実際には「子どもたち」と言っていることが少なくありません。でも、高校の先生は生徒のことを「子ども」とは言わず、「生徒」と言うのがふつうです。日頃から高校生と接している先生たちは、「子ども」と言うのに抵抗があって「生徒」を使っているように見えます。

それでも世間では、まだ大人とは言いきれない高校生は「子ども」です。ましてや、親から見れば子どもが何歳になっても子どもであることには変わりがないので、「うちの子どもが……」というようにいつまでも「子ども」と言い続けるものです。残念ながら、私たちが使っている日本語には子どもの成長に応じた微妙な違いを表すボキャブラリーがないので、子どもはすべて「子ども」でふつうに通用してしまいます。子どもか大人かという二者択一では、思春期は子どもの世界に入ることにはなりますが、実際には思春期は子どもと大人の狭間《はざま》のグレーゾーンのようなものなので、無理やり子どもにされれば誤解や対立の火種《ひだね》になりかねません。

ちなみに、英語にはグレーゾーンの思春期にいる人を表す〝adolescent〟という単語があり、子どもを意味する〝child〟と区別できるようになっています。〝adolescent〟は少し堅《かた》苦《くる》しい専門的な感じがしますが、一般の人たちの間では〝teenager〟あるいはその省略形の〝teen〟という言葉がよく使われていて、思春期に入った人たちを、子どもでもなく大人でもない独自の存在として区別しています。個人の人権意識の強いアメリカでは、思春期は日本よりも大人に近い存在なのかもしれません。

思春期というトンネル

思春期は子どもと大人の中間期で、まだ人生の前半であることがわかっても、それだけで思春期が理解できるわけではありません。すでに40~50年の人生を生きてきた大人の立場になれば、昔を振り返って「思春期はこんな時期だったなぁ」と思い出すこともできるはずですが、実際には大人の思春期の記憶は断片的で、ほとんど忘れてしまっていることも多いので、自分の体験としてきちんと理解しているとはかぎりません。それが、思春期の親子の対立の原因になります。『星の王子さま』の著者サン＝テグジュペリは、献辞の中で「おとなは、だれも、はじめは子どもだった。（しかし、そのことを忘れずにいるおとなは、いくらもいない。）」と書いています。[*2]

すでに思春期を経験してきた大人たちでもうまく理解できていないのに、今思春期のまっただ中にいる人には、思春期を理解するどころか、今の自分を理解するための手がかりを得ることさえ難しいことでしょう。それはまるで出口の見えない長いトンネルの中にいるようなものです。この思春期というトンネルに入ると、今どのあたりまできているのか、あとどのくらいで出口なのか、出口の先はどうなっているのか、不確かなことばかりで、とても心細い思いをします。そんな先の見えない道を進むときの迷い、悩み、不安から、思春期は逃れることができません。このトンネルをいかに通過するかが人生の重要なポイントで、それがこの本の最大のテーマです。

問題は、今みなさんは、思春期が人類史上もっとも長くなり、出口がとてもわかりにくい

＊2　サン＝テグジュペリ、内藤濯訳『星の王子さま』岩波書店、2000年。

時代を生きているということです。思春期の出口とは、すなわち大人の入口ということになりますが、ただ単に一定の年齢に達したから大人というほど単純なものではなく、大人の生き方がますます複雑で多様化してきた現在では、親の世代の常識はまったく通用せず、思春期はますます混沌《こんとん》としてきています。だからこそ、思春期という時間を理解するためには、出口を正しく知ることがとても重要になります。今はトンネルの中にいて出口は見えなくても、出口についての確かな情報があれば先の見えない不安はいくらかでもやわらぎます。

次章では、このトンネルの出口、つまり思春期の目的地について見ていくことにしましょう。

第2章　大人になるということ

思春期の目的地

思春期は永遠に続くものではなく、あくまでも子どもから大人への中間期なので、いつかは大人になることで終わります。このまま思春期でいたい、大人になんかなりたくない、と思う人もいるかもしれないし、早く大人になって自分の思うように生きてみたいと思う人もいるかもしれませんが、いずれにしてもそんなに遠くない将来に必ず思春期は終わる運命にあります。思春期のトンネルの中で出口が見えないうちは、あまり現実感がないかもしれませんが、このトンネルには必ず出口があり、そこから先は大人の世界につながっているはずです。

ただ、高校生のみなさんにとっては、トンネルを抜けた先がいきなり大人の世界というより、まずは進学あるいは就職という進路の問題があって、その先に大人の世界があるように見えているのではないでしょうか。大学生になったから大人として自他ともに認めるものではないでしょうし、就職して社会人になったからといって、まだ「未成年」のうちは大人とは言いきれない微妙な立場という感じがすることでしょう。ちょっと冷静に考えれば、あと1、2年で高校を卒業するところまできているのに、まだまだ大人の世界は遠くにあるように思う人も多いのではないでしょうか。

そうはいっても、大人にならなければ思春期は終わらないので、思春期のうちから大人とは何なのかを知ることはとても大切です。思春期が人生のどのあたりに位置づけられるのかを知ることで、自分の現在地がわかって少し安心したとしても、そこにずっといればよいのではなく、常に成長し続けていかなければなりません。これから自分がどっちの方向に進んで行くのか、つまり自分の向かうべき目的地がどこにあるのかがわからなければ、すぐに心細くなって不安になってしまいます。現在地を知ることに加えて、自分の目的地を知るということもとても重要です。そして、思春期の目的地はとりもなおさず大人になるということです。

案内図の中の現在地は誰にとっても同じですが、目的地は人それぞれで違います。大人という目的地を見つけることは、迷路の出口を探すパズルを解くような作業ではなく、自分の意思によって選び取らなければならないものです。自由に選べることは良いことには違いありませんが、何も情報がないところで「自由に選んでもいいよ」と言われても困ってしまいます。まずは大人になるという目的地についての情報を得ることが必要になります。

大人はわからん！

大人たちが「今どきの子どもは何を考えているのかわからん！」とよく言いますが、それをそのまま子どもの立場に置き換えると「大人はわからん！」ということになります。ましてや、思春期になると自分の考えがはっきりしてくるので、大人との意見の対立も目立つようになり、大人の言うことがわからないということを超えて、大人への不信感に発展することさえあります。つまり、そのくらい子どもと大人の間には深い溝《みぞ》があることがわかります。

「自分はもう大人だ」と言いきる高校生はそんなに多くないかと思います。親や学校の先生に子ども扱いをされたように感じたときにはそう思うかもしれませんが、冷静になればまだ大人と言われても困ると思い直すことでしょう。自分にはまだ十分な力がないと思いつつも、かといってまわりの大人たちがみんな立派な人ともかぎらないので、大人というのは本当にわかりにくいものです。

基本的に、高校生にとって「大人」は現在形ではなく未来形です。つまり、"I am an

adult" ではなく "I will be an adult" です。だから、まだ未体験の大人がわからなくても当然ですが、それではすでに現在形、あるいは現在完了形となったリアルな大人から見た大人はどうかというと、大人たちはそんな当たり前のことをいまさら考えようとしません。その結果、子どもたちの「大人って何？」という素朴《そぼく》な質問にまともに答えられる大人はなかなか見つからず、子どもたちの大人不信が深まるばかりです。

第1章で説明したように、生き物としては生殖能力の獲得が大人の基本ですが、われわれ人間の世界はそんなに単純なものではなく、いくら自分が大人だと思っても世間がそう認めてくれなければ大人として扱ってはくれません。つまり、大人というものには社会的な要素が大きくかかわっています。そのため、時代や社会制度によって大人になる年齢や役割は変化し、流動的で不確かなものにならざるをえません。私たちが理解しなければならない大人というものは、時代を超えて普遍的なものではなく、今私たちが生きている時代の大人です。それは、少し前の世代とも違ってくるので、常に見直しながら最新のものにアップデートしていかなければなりません。

子どもと大人の境界線

大人とはわかりにくい存在ですが、今私たちが生きている社会では、子どもと大人はぜんぜん違うということは確かです。子どもにはいろいろと制約が多く、大人にはよくても子どもはダメということがたくさんあります。お酒やタバコはダメ、パチンコや競輪・競馬はダメ、コンビニや書店には「成人向けコーナー」という怪《あや》しいスペースがあったりします。もうすぐ大人になる高校生には、18歳という年齢で線が引かれていることに、すんなり納得ができないことも多いことでしょう。

このような子どもと大人の違いは、大人には特権があるというよりは、子どもは何かと制限があるというのが実際のところかと思います。つまり、大人は自由に生きていくことができるのに対して、子どもには自由が認められていないということです。あるいは、特定の情報にアクセスできなかったり、自分の名前で契約ができなかったり、子どもには一部の権利が制限されています。このように私たちの社会は、自由と権利を制限することで、子どもを一人の独立した存在とは認めていません。

子どもには不満や疑問もあって当然ですが、大人は子どもの素朴な疑問にいちいち答える必要はありません。なぜなら、子どもの自由と権利を制限していることは、みんな法律で決まっているからです。たとえば、高校生はタバコを吸ってはいけないことは、誰でも知っています。では、なぜ高校生はタバコを吸ってはいけないかというと、法律で禁じられているからというのがその答えです。もし、「タバコは体に悪いから」とか「ガンになるから」という健康上の理由を出してくれれば、大人の喫煙も正当化できなくなります。高校生はダメというのは法律、つまり社会の決まりごとであること以上に説明することはできません。このように、子どもと大人との境界線はやはり社会が決めていることなのです。

ちなみに、高校生がタバコを吸ってはいけないのは、1900（明治33）年に制定された未成年者喫煙禁止法が根拠です。この法律は20歳未満の未成年者の喫煙を禁じていますが、未成年者自身の喫煙行為は処罰せず、保護者や販売した者が罰せられるものなので、あくまでも子どもの喫煙は大人の責任という立場をとっています。喫煙した生徒を学校が謹慎処分にしたりするのは、監督者として制止する義務の一環であり、制裁や罰ではないという理屈になります。この法律ができた時代にはタバコの健康への危害はまったく認識されていなかったので、タバコを吸えるか吸えないかで子どもと大人との境界線を引く制度だったと思われます。

いくら法律で決まっているとはいっても、子どもの立場から見れば、大人は自由なのに子どもには自由がないということになります。しかし、大人たちは「子どもは責任がとれない」「まだ親に食わせてもらっているくせに」というように、半人前の子どもへの制限を正当化します。いずれにしても、子どもと大人の間の溝は深いということです。

大人の定義

良いか悪いかは別として、私たちの社会は子どもにさまざまな制約を設けることで、子どもと大人との間に明瞭な境界線を引いているので、結果的に大人というものも人為《じんい》的に定義されることになります。つまり、大人というのは誰かが決めたものであり、昔からの伝統やしきたり、あるいは法律などで定義されています。だから、絶対的なものではありませんが、この線引きがないと社会がうまく回らないようになっています。

現在、もっともはっきりした大人の定義はやはり法律によるもので、民法第四条に「年齢二十歳をもって、成年とする」という条文があり、満20歳になれば大人として認められることになります。この法律によって大人になる年齢を「成年年齢」といい、日本では１８９６（明治29）年に20歳と定められて以来ずっと続いてきましたが、２０１８（平成30）年の民法改正で18歳に変更され、２０２２年から施行《しこう》されることになりました。一足《ひとあし》先に改正された公職選挙法によって選挙には18歳から参加できるようになっており、18歳になることで大人として認められる社会になりつつあります。

ただし、飲酒や喫煙、競輪・競馬などの公営ギャンブルについては、これまでどおり20歳未満は禁止のままなので、完全に大人としての自由と権利が認められるようになるのは当面の間は20歳になってからということになります。また、犯罪行為を行った場合に成人とは別の処遇《しょぐう》をする少年法を適用する年齢も20歳未満のままです。ということで、現在の法律による大人の定義では、18歳から20歳の年齢幅で区切られているということになります。

法律とは別に、私たちの社会には伝統的な大人の定義というものもあります。いちばんわかりやすいのが成人式です。毎年1月の第二月曜日は成人の日として祝日になり、この日を中心に全国の市町村で成人を祝う催し（いわゆる成人式）が開かれます。成人式をめぐってはいろいろと議論がありますが、成人式に出ることで大人の仲間入りをするという儀式的な意味があります。伝統的な社会では、成人を祝う独自の儀礼があり、通過儀礼とかイニシエーションと呼ばれています。現代の日本社会では古い伝統が薄れていますが、成人式は大人になる儀式として今も生き残っています。

このように、社会的には法律と伝統によって大人は定義されています。

大人見習い

18歳にしろ20歳にしろ、法律や伝統によって大人になったと言われても、そのまま社会から大人として認められるというほど話は簡単ではありません。現在では、ほとんどの人は18歳の誕生日を高校3年生で迎え、なおかつ8割以上の人たちが大学や専門学校に進学するので、20歳の誕生日を学生として迎えることがふつうになっています。つまり、現在の制度下で成人になる18歳から20歳の期間は、まだ「勉強中」の人たちが圧倒的多数で、社会的な役割を持つまでに至っていないという意味で、ちょっと中途半端な存在です。

第1章で説明したように、大学や専門学校などの高等教育を受けている人のことを「学生」と呼びますが、学生というのは子どもなのか大人なのかとても微妙な立場です。自分で働きながら自力で勉強しているとすれば大人といってもいいかもしれませんが、親に学費や生活費を出してもらって大学に通っている学生は、「親のスネかじり」と言われるように、なかなか一人前の大人とは認めてもらえません。

はっきりとした将来の目標を持って大学や専門学校で勉強しているのであれば、親がお金を出していたとしても大人としての自覚を感じられるかもしれませんが、ただなんとなく大学に行くとか、とりあえず大学に行って自分のやりたいことを見つけるなんて言われると、とてもじゃないけど大人として扱うのは無理な感じがします。これこそまさに「親のスネかじり」の学生ですが、当人たちもスネをかじっている自覚があるので、正真正銘《しょうしんしょうめい》の大人とは思っていないことでしょう。

教育を受ける期間が長くなり、身体的な思春期が終わってもまだ大人にはなりきれないという奇妙な状況がふつうになり、大人になるということはますます複雑になってきました。現実的には大人になるのがどんどん遅くなってきている一方で、法律上、大人になる年齢が

18歳に引き下げられることで、そのギャップは拡大しつつあります。形式的には大人になっても、中身はまだ大人にはなりきれていない、そんな中途半端な期間が長くなってきています。

とはいえ、20歳以上になっても、学生だからということだけで大人として認められないのもおかしい話です。18歳から20歳代前半にかけては、大人と言いきるよりは、「大人への準備中」あるいは「もうすぐ大人」という位置づけが必要かもしれません。そして、学生である間は「大人見習い」と言ってもいいかもしれません。

大人の要件

年齢だけでは大人とは認められないとすれば、大人になることにはどんな要件が必要なのでしょうか。これから大人になっていく人たちにとって、目指すべき大人とはどんなものなのでしょうか。

たぶんそれは親やまわりの大人たちがみなさんに期待している将来像で、学校を卒業したらこうなってほしいと思っているのが大人のイメージでしょう。親は一生懸命に子育てをして、学校に行かせて、立派な大人になることを願っているに違いありません。そうはいっても、最近の親たちは簡単には手の内を明かしません。本当はこんな人になってほしいとか、こんな仕事に就いてほしいと思っていたとしても、子どもには「おまえが本当にやりたいことをしたらいいんだよ」と言って、本音を言うことはありません。

現在では、日本社会の伝統であった「家を継ぐ」という考え方はすっかり影を潜めているので、家業や親の仕事を気にすることなく、自由に大人としての生き方を選ぶことができるようになってきました。その一方で、親は自分の果たせなかった夢を子どもに託すこともあります。小さいころは、親の言うままに「大きくなったら○○になりたい」と言って親を喜ばせていても、そのまままっすぐに大人になるとはかぎりません。子どもは親の期待どおりに育つものでもありません。

常識的には、大人になるということは、学校教育を修了して、定職に就いて経済的に自立し、さらにはパートナーを見つけて結婚し、子どもができて親になる、そこまでいけば完全に大人として誰も文句を言わないことでしょう。でも、そんなことを言っていたら、いつになったら大人になるのかわからないどころか、いつまでも大人になれない心配すら出てきます。こんな古典的な大人の条件は現代社会ではまったく通用しません。

たとえば結婚については、平均的な結婚年齢は男性も女性もだいたい30歳前後になり、一人目の子どもを産むのは30歳過ぎになっています。「結婚して親になる」ということが大人の要件だとすれば、大人になるのは早くても30代前半ということになってしまいます。さらには、結婚しない人も多くなっているので、そうなると「結婚して親になる」ことは大人になることの要件としては現実的ではありません。

子どもの生き方に比べて、大人の生き方は驚くほど多様です。言い換えれば、子どもは選択の幅がとても狭いのに、大人にはこうでなければならないという縛《しば》りがとても少ないように見えます。まさに生き方は人それぞれで、一律に大人の要件を求めることができないとすれば、ますます思春期の目的地はかすんで、はっきり見えません。

大人へのスタートライン

結局のところ、大人としての生き方は人それぞれなので、こうなれば大人というものを示すことはできません。その一方で、一人ひとりがみんな違うので、無理やりに「大人」という枠組みに収まらなければならないというものでもありません。だから、大人になるということは、誰かが勝手に決めることではなく、自分自身の中で決めるべきものなのです。あなたにとっての「大人になること」はあなた自身の中にあるものでいいわけです。それは「ほかでもない自分」という意識と言ってもいいかもしれません。

まだ大人になっていない思春期のうちは"I will be"のままです。すでにはっきりした目的地が見えていたとしても、そこはこのあと変わっていく可能性があります。大切なことは、とにかく前に向かって進むことで、今は出口は見えないけれど、前に進んで行ってこのトンネルを抜けることです。そして、トンネルを抜けたところが紛《まぎ》れもない大人の世界です。

高校生の年代は、まさしく大人に向かって歩き出す時期になります。つまり、大人へのスタートラインです。はっきりとした大人のイメージがあってもなくても、とにかく目的地である「大人になること」を意識することがとても大切になります。まだ何の実績もないので、自信や根拠はいりません。根拠のない自信、夢みたいな目標が許されるのは、思春期の特権です。あるいは、具体的な目標がなくても大丈夫です。進みながら考えればいいのです。

大人になるということは、高校の進路指導とはぜんぜん違います。偏差値を参考にしながら志望校を決めるような現実的な作業ではなく、具体的な目標というよりも大人に向かって進んで行く気持ちをしっかりと持つこと、つまり大人になるモチベーションを持つことが何よりも大切です。「大人」という目的地には正解はないので、失敗を恐れる必要はありません。

第3章　思春期の風景

今の自分の姿

今、みなさんが生きている思春期はどんなところで、どんな風景が広がっているのでしょうか。前の章では、思春期を子どもから大人へとつながるトンネルにたとえましたが、だからといって思春期は日が射さない暗黒の世界というわけではありません。それどころか、人生の中でもっとも活気にあふれた明るい世界といってもいいかもしれません。ただし、自分の目で見ている風景と周囲の人が見ているものが大きく違うのも思春期の特徴です。

人生の中での自分の現在地がわかりにくいのと同じように、思春期を生きているときには自分のこととはいえ思春期がどんなものかはよく見えません。それは、自分の姿や外見を自分で直接見ることができないのと似ています。鏡がなければ自分がどんな顔をしているのかはわかりません。外見的なものは鏡で確認できたとしても、頭の中で考えていることや感情を何かに映し出して見ることはなかなかできません。今の自分の姿を確認するのはけっこう大変なことです。

まわりの人たちはいちいち自分の姿を気にしているわけでもなく、毎日なにげなく生きているように見えることかと思います。実際に、ほとんどの大人たちはいつもどおりの生活をしているかぎり、今さら自分がどんな人間なのかを深く考えることもありません。そんなこといちいち考えなくても、「自分のことは自分がいちばん知っている」と思い込んで、自分の気持ちが大きく揺らぐこともありません。

その自分に対する信念が揺らぎやすいのが思春期なので、今の自分の姿はとても気になってくるのがむしろ自然です。姿かたちだけでなく、知識、経験、能力が大きく成長して変化していく中で、自分について考えざるをえないのが思春期です。

ふたつの風景

思春期には面白いことや楽しいことがたくさんありますが、うまくいかなかったり、どうしていいかわからなくなって迷ったり悩んだりすることもよくあります。同学年の他の人たちが同じようなことに興味を持ったり、同じような悩みを持ったりすることが多いので、

「思春期の人はみんな……」と言ってしまいがちです。しかし、一人ひとりの体験としては、思春期だからと一括《ひとくく》りにできるような問題ではありません。

大人たちは、思春期になって生意気なことを言い出したり、何をきいても「べつに」としか答えなくなる子どもたちを見て、「あー、思春期だね」とか「思春期になるとこうだよね」とか、何かにつけて思春期と言って勝手に納得したりします。一般的に思春期の特徴として知られているのは、このような大人の目線から見たもので、当事者自身が経験していることというよりは、どこか他人事《ひとごと》のような冷めたところがあり、そしてたいていは「厄介《やっかい》なもの」というニュアンスがにじみ出ています。

しかし、大人たちが勝手に決めつけている思春期とは別に、今まさに思春期を生きている当事者から見た思春期というものがあることは言うまでもありません。それを声高《こわだか》に主張しても、大人たちからは「子どもの言い分」と一蹴《いっしゅう》されて取り合ってもらえないかもしれませんが、本来はとても大事な視点です。本人の言い分を無視して、大人たちが勝手に決めつけた思春期を押し付けられても困ります。

つまり、思春期というものにはふたつの視点――当事者の体験として内側から見た思春期と、大人たちが外側から見ている思春期とがあるということです。そして、どちらから見るかで思春期の風景は大きく違ってきます。さらに厄介なことは、大人たちはみんなかつて思春期を生きて同じような経験をしてきたはずなのに、大人になってしまうとそれをすっかり忘れて、まったく共感できなくなってしまうので、子どもたちの立場で理解することができず、お互いの溝《みぞ》を深めてしまうことです。

思春期が終われば思春期の主観的な体験を忘れてしまう（正確には、記憶が消えるのではなく、心の奥底にしまい込まれて取り出せなくなる）ということも、思春期の重要な特徴のひとつです。では、思春期のふたつの異なる風景とはどんなものでしょうか。

大人から見た風景

まず、大人から見た思春期の風景から見ていきます。一般的にはこれが思春期の姿ということになり、教科書に出てくるのもこちら側の風景になります。

大人から見た思春期はちょっと厄介なもので、腫《は》れ物に触るとか、取扱注意というイメージがあるように思います。もちろん、それは大人の一方的な見方なので、みなさんがそんなもんじゃないと思うのは当然で、大人の決めつけた思春期を無理やり自分に当てはめて受け入れる必要はありません。でも、大人たちが自分たちをどのように見て、どう解釈しているのかを知っておくのは意味のあることだと思います。

思春期をもっとも特徴づけるのは、自己主張と反抗です。自分の考えを持つようになると、親や先生の言うことをそのまま素直に受け入れなくなり、反論したり拒否したりすることが多くなります。大人から見れば、それは「口答え」であり「反抗」です。大人が正しいと思っていることに異を唱えることは、正当な意見としてではなく、未熟で自己中心的な言い分と受け止められがちで、そんな大人の態度が大人への不信感につながります。

自己主張と反抗は、大人や社会との対立へと発展し、攻撃的になって、「暴れる」とか「荒れる」という形になることがあります。このような攻撃性や暴力が、昔から思春期の象徴のように受け止められてきました。校則違反、けんか、家出、非行など、反社会的な行動は、思春期の厄介な問題として生徒指導や補導の対象になりますが、最近では大人や社会に向けられる攻撃性は影を潜めつつあります。１９８０年代のカリスマロックシンガー、尾崎豊が「夜の校舎　窓ガラス壊してまわった」（「卒業」１９８５年）と歌った思春期とは大きく変わってきていますが、それでも大人たちにはそんなイメージが確実に残っています。

暴力的な行動はなくても、何をきいても「べつに」「ふつう」と答えるだけだったり、返事すらしない態度は、大人たちをいらだたせると同時に、何を考えているのかわからないという、あきらめのような気持ちを引き起こします。大人の想定範囲を超えるような突飛《とっぴ》な行動が出てきたりすると、大人たちは「理解不能」と言って思考停止してしまいます。今までとは違う行動が出てくることで、大人たちはけっこう戸惑《とまど》っているというのが、大人側から見た思春期の風景です。

当事者が見ている風景

これはまさにみなさんの現在の姿にほかならないので、ここでわざわざ説明することもないかもしれません。しかし、すでに述べたように、自分の姿は自分で見ることができないので、自分の内面を振り返ってもらいながら、一緒に整理していきたいと思います。

思春期の出来事としてもっとも目立つのはやはり身体的な変化で、身長が伸びたり、男性らしさや女性らしさがはっきりしてくる第二次性徴は、思春期のもっとも基本的な要素であり、外見的にもとてもわかりやすい特徴ということができます。

思春期の外見上の変化は、身体の変化だけにとどまらず、服装や髪形、化粧、アクセサリーや持ち物まで、幅広い範囲に及びます。ファッションはまさに個性の表現でもあるので、一人ひとりで好みも分かれますが、それは「自分らしさの主張」ということにとどまらず、自分の一部と言ってもいいかもしれません。もちろん、外見上の「加工」は人それぞれですが、何も手を加えていないように見える人でも、ちょっとしたところに個性が表れているものです。

大人たちの見ている思春期の風景の根底にある自己主張は、当事者側から見れば自分の世界ができてきたことを意味しています。自分の意思や考えがはっきりしてくれば親や先生と対立することもありますが、それよりもむしろ自分の価値観を大人に邪魔されたくないという思いから、プライバシーが大切になってきます。その結果、一人になれるスペース、自分の部屋を求める気持ちが強くなり、親からも距離を置くことが増えます。

大人たちを困らせていた荒れた思春期が影を潜めてきたのは、きょうだいが少なくなって自分のスペースを持ちやすくなり、親とほどよい距離を確保できるようになったことも関係しているように思われます。反抗はかつて思春期の象徴とされてきましたが、ただ親と敵対するというより、親の影響を排除しようとしているのが本当のところなのかもしれません。思春期が長期化して親と一緒に過ごす時間も長くなっていますが、同じ家に住んでいてもプライバシーが確保されたことで、必要以上に荒れることがなくなっているようにも見えます。

好きなことや興味のあるものを見つけて、夢中になったり行動を起こしたりするのも思春期の特徴です。何かに打ち込んでいる姿は、とてもアクティブで輝いていて、まさに青春のイメージそのものです。行動が広がることで、新たな発見や出会いがあり、そこからいろんな刺激や影響を受けて成長していく、そんなとてもワクワクする時間を過ごす一方で、これまでにないような人間関係の苦労も出てくるなど、楽しいばかりでもないところもあり、自己嫌悪《じこけんお》や劣等感とも闘わなければならないこともあります。

もうひとつの風景

思春期は身体的に大きく変化すると同時に、親や大人、友だちとの関係など社会的な変化も入り混じることで複雑になりますが、現在は学校生活抜きでは思春期を語ることはできないほど、学校が思春期の生活に深く関連しています。親や友だちとの関係は、一人ひとりのペースで変化していきますが、学校は学年ごとに区切られていて、みんないっせいに進んで行かなければなりません。個人の事情に関係なく、集団の中で過ごす学校生活は、思春期のもうひとつの風景として認識しておく必要があります。

私たちは中学校から高校に進学し、高校生活を送っていくうちに思春期を過ごすことになりますが、高校のカリキュラムや規則は必ずしも思春期の成長に合わせたものではなく、かなり窮屈《きゅうくつ》に思うことも多いことかと思います。他にやりたいことがあるのに、なんでこんな勉強をしなければいけないのか、こんな勉強して何の役に立つのか、と文句を言っても、授業に出席しなければ単位を落として卒業できなくなるので、嫌々《いやいや》でもやるしかありません。

勉強にしろ、部活にしろ、高校生活に全力を注げば注ぐほど、思春期の風景は学校に支配され、完全に重なり合ってきます。進学校はとてもわかりやすい例になりますが、大学受験を目指す生徒たちは、早々と進路を決めて、志望校を想定した受験勉強に取り組み、模試を繰り返し受けるという高校生活を送ります。高校で朝から夕方までみっちり授業を受けた上に、塾で夜遅くまで勉強して、帰宅してから宿題をする生活には、本来の思春期の自己主張や自分の世界に向き合う余地などありません。

もちろん、すべての高校生が受験勉強一色の生活を送っているわけではありませんが、思春期の生活が高校に大きく規定されることは珍しくありません。それほどまでに現代の思春期は学校教育に支配されています。それは親も同じです。親としても、子どもがきちんと高校に通って、3年で卒業して、大学に進学したり就職したりすることが、思春期の成長と思い込んでいます。この点に関しては、高校生自身だけでなく、親も同じ思春期の風景を見ていることになります。気をつけなければならないのは、高校さえ卒業すれば、あるいは大学に進学すれば思春期を無事に乗り越えたと思ってしまうことです。

現在の思春期を正しく把握するためには、個人としての発達や成長ということだけでなく、学校の風景も見過ごすことができません。

激動の思春期

ほとんどの人が高校に進学するようになった現在では、15~18歳の人たちがほぼみんな高校生であることは確かですが、この3年間の成長は著しいものがあるので、一口に「高校生」とまとめられるようなものではありません。まさに1学年違うだけで、考え方や行動は大きく変化し、３年生になるとかなり大人の世界に近づいてきて、高校の中でも下級生と先生との中間的な存在になってきます。たった１年でもそのくらい変わることが、留年して下の学年に入ることに強い抵抗を感じる要因にもなります。

思春期は長い人生の中でのたった４～５年にすぎませんが、１年どころか月単位でも大きく変化する時期なので、自分自身でもその変化について行くのが難しいことさえあると思います。さすがに高校生にもなると中学生のころほど身長が伸びて体格が変わるわけではありませんが、考え方や行動、態度や振る舞いは、大きく変化します。それは周囲からは「だいぶ大人になったね」と成長として受け止められるものですが、いずれにしても思春期は人生の中でも変化の激しい、まさに激動の時期といえます。

思春期に起きる変化は、一人の人間、つまり個人としての変化と、他者との関係性、つまり社会的、あるいは環境的な変化とに分けることができます。個人としての変化は、身体的な変化に加えて、学習や経験によって知識や能力が高まることで、まさに心身ともに成熟していきます。

しかし、思春期をもっとも特徴づけるのは、じつは他者との関係性の変化のほうなのです。たしかに、第二次性徴が発現して生殖能力を獲得することが、思春期のもっとも中心的な要素ではありますが、生殖能力を発揮して実際に子孫を残すためには、パートナーが絶対に必要になります。つまり、個体としての生殖機能が成熟するだけでは不十分で、パートナーとの出会いと関係を維持することが生殖能力の大前提です。このことからも、思春期にはそれまでの親子関係や友だち関係だけでなく、異性との関係へと対人関係が広がる大きな変化が起きることになります。

社会的な変化から思春期を見ると、身体的な変化以上に劇的に変化していることがわかります。親に甘えて頼っていたのが、反抗的になるだけでも、親子関係の激変です。異性への関心と恋愛は、まさに未知の世界への大冒険です。対人関係の広がりは、必然的に他者から自分がどう見られているかという意識を目覚めさせます。そんなことを気にしていなかったときとは世界観がガラッと変わります。そのことが、自分の姿にとても敏感になるという思春期の特性につながっていきます。

思春期の生態系

私たちは一人だけでは存在することはできないので、必ず自分以外の他者とのつながりを持とうとします。もっとも身近な親やきょうだい、祖父母などの家族関係にはじまり、幼なじみや学校の同級生、先輩、教師や近所のおじさん・おばさんなど、いろんな人とのつながりがあります。それは自分という太陽を中心にした軌道を惑星が回っている太陽系のようなシステム、つまり生態系になっています。太陽に近い惑星ほどつながりが強く、大きな影響を受けるのに対して、遠い惑星はつながりが薄く、直接的な影響がありません。

思春期には、この生態系が大きく変化することで、まわりの風景が一変することになります。もっとも大きな変化は、親との距離が広がって影響が弱まるのと同時に、友だちとの距離が縮まってつながりが強くなることです。しかし、親との関係が消えることはないので、親とのつながりと友だち関係との間にさまざまな葛藤《かっとう》が生じやすくなります。そこにはあたかも恋愛における三角関係のような悩ましさがあります。

友だち関係にも関係の強さの階層ができます。小学生のころは、男女別の集団の中で遊んでいたのが、やがて気の合う親友とその他の友だちとの区別が生じ、さらには異性との付き合いも生まれることで、複雑な生態系ができあがっていきます。日中のほとんどの時間を学校で過ごす現在では、友だち関係はとくに重要になり、とても関心の高い問題になります。

本来、思春期は大人への移行期なので、大人との関係において経験を積むことが必要ですが、学校生活が中心の現代の思春期では、やはり友だち関係にどうしても目が向きます。

いずれにしても、思春期の自分の姿は他者との関係性の中で相対的なものになりがちで、誰にも邪魔されない本当の自分を見つけるのはとても難しいものです。この複雑な生態系も思春期の特徴的な風景といえます。

第4章　過去の呪縛《じゅばく》

伝統と文化

子どもはまだ一人では生きていけないので、大人に育ててもらうことで成長して大人になることができます。しかし、子どもは「保護者」がいないと困るものの、ふだんから育ててもらっていると意識しているわけでもなく、むしろ何かと口出しされてうるさい存在だと思うことのほうが多いかもしれません。

子どもが6～7歳になると、だいたい自分のことは自分でできるようになるので、食べさせてもらったり、着替えさせてもらったりするような、直接的な世話の必要はなくなりますが、それでも大人に頼らなければ生きていけません。少なくとも、衣食住の保障はどうしても必要です。成長とともに、大人に頼っているという意識は薄まっていきますが、それでも一人で生きていけるようになるまでは、大人の世話を受けていることは間違いありません。

子どもは自分を世話して育ててくれる大人（一般的には親）からの影響を受けて成長します。その典型例が「しつけ」といわれるものです。親は子育ての中で、やっていいことと悪いこと、世の中のルールやマナーを教えていきます。本能のままに行動する野生児のような子どもをしつけることは大変ですが、多くの親は毎日大声で叱《しか》りながら一生懸命子育てをしています。

しかし、子どもの考え方や行動はすべて親が教え込んで身につけさせたものというわけではなく、親の考え方や価値観の中で育ってきたことで自然に植え付けられたものもたくさんあります。子どもが育つ家庭環境の中で自然に受け入れていく考え方や価値観が、伝統とか慣習といわれるもので、それを共有することで家族というまとまりが生まれます。そして家族が暮らしている地域社会で共有する価値観が文化です。

日本は民族や宗教の多様性が比較的少ない国なので、地域や学校で文化的な対立が表面化することはあまりありませんが、それぞれの家族によって価値観や生活習慣には違いがあり、子育ての考え方や方針も異なります。私立中学校を受験するのか、地元の公立中学校に入るのかは、本人の意思というよりは、家族の価値観を反映しているように思われます。小遣《こづか》いの金額や門限の時間も家庭によって違います。その意味では、それぞれの家族には独自の文化があり、子どもたちは自分の家族の文化の中で育っているわけです。

高校受験は自己決定

そうはいっても、現在では昔と違って伝統やしきたりの支配は弱まり、個人が自由に生きることができるようになってきました。多くの親は子どもの意思を尊重し、親の期待を押し付けることは少なくなっています。自分の将来は自分で決めてもよい、ということを超えて、今では自分の将来は自分で決めなければならない時代になり、自己決定がとても重視されています。ただし、自己決定には自己責任が伴うので、自由が楽というわけでもありません。

思春期に迫られるもっとも重大な自己決定が高校受験です。最近は中学受験をする人が増えているので、すべての中学生が高校受験をしなければならないわけではありませんが、義務教育ではない高校への進学には自己決定が求められることには変わりはありません。実際に、中高一貫校であっても、そのまま内部進学するか他の高校を受験するかの判断が必要になります。

しかし現在では、高校に進学するかどうかを考えることはなくなってしまいました。高校進学を「決意」して受験する人はほとんどいないと思います。それどころか「高校に行かない」とでも言い出せば、たいていの親は「馬鹿なことを言うもんじゃない」「高校も出ていないようじゃ生きていけない」と真顔《まがお》で言うに違いありません。でも、そんなことくらい中学3年生にならなくても中学生ならみんなわかっています。このように、高校に行くのは当たり前にはなっていますが、それでもやはり高校受験は思春期の重大な自己決定であることに変わりはありません。

そもそも高校は義務教育ではないのに、どうしてほとんどの人がまるで義務教育の延長であるかのように高校に進学するのでしょうか。そんなに高校はいいところなのでしょうか。すでに「勉強なんてもうたくさんだ」と思っている中学生でも、わざわざ塾に通ってまで受験勉強をして入試を受けて高校に行くのはどうしてでしょうか。

その理由は、「高校には行っておいたほうがいい」という常識が世間に根強く存在しているからです。それはまさに伝統であり、文化といえるものになっています。高校に行ってほしいと思っている親が自分自身の経験として「高校に行っておいて良かった」と思っているとはかぎりませんが、高校に行けなかったり、中退したために苦労したりした人たちもたしかにいます。しかし、どうして高校に行かなければならないのかを具体的に説明できる親はめったにいません。

二世代をさかのぼる

伝統や文化はいちいち理由を説明するまでもなく、「こういうものだ」という絶対的なもので、それに誰も異議申し立てをしないで従うべきものとして引き継がれていきます。それはまさに現在の高校進学にも通じるところがあります。だから親はいちいち子どもの疑問に答えることなく、「つべこべ言わずに、さっさと受験勉強して高校に行け」でいいわけです。つまり、今や高校に行くことは伝統的な慣習であり日本の文化なのです。

親が子どもに要求したり期待したりすることには、親自身の経験が大きく影響しているに違いありません。親が死に物狂《ぐる》いで受験勉強して「良い大学」に入学して「良い会社」に就職できたという経験をしたとすれば、中学生から高校生のうちはしっかり勉強すべきだと言うだろうし、小学生のころから野球に打ち込んで甲子園を目指した野球少年だった親は、子どもにもスポーツを勧めることでしょう（あるいは、その真逆で野球だけはさせたくないと思うかもしれませんが）。高校でやんちゃをして先生に殴《なぐ》られた経験のある親は、「今のオレがあるのは、あのとき先生が殴ってくれたからだ」と言って体罰を正当化するかもしれません。

親の経験はさまざまですが、どの親も子どものころには自分の親、つまりみなさんから見れば祖父母の考え方や価値観の下《もと》で育てられています。そんなことを言い出すと、どこまでも先祖をさかのぼっていくことになりますが、要するに、私たちが育つ家庭には何かしら先祖代々引き継がれてきたものがあることは確かです。さすがに江戸時代までたどることは難しいとしても、とりあえず親とその親という二世代前までの経験や価値観の影響は比較的はっきりととらえることはできるだろうと思います。

なぜ高校に行くのかにかぎらず、みなさんが「なぜ？」と思う素朴《そぼく》な疑問は、二世代前までさかのぼることで「なるほど」と思えるかもしれません。

世代間ギャップ

具体的な事実を挙げるまでもなく、今みなさんが生きている社会は、二世代どころか10年違うだけでも、まったく別世界のように変わっていることは直感できると思います。たとえば、みなさんが毎日片時《かたとき》も手放さないスマホが登場したのは２００７（平成19）年で、10年前の高校生はまだほとんど持っておらず、当時は今で言う「ガラケー」全盛期でした。みなさんの親が高校生だったころは、まだ携帯電話すらなく、髪の毛を染めれば「茶髪《チャパツ》」と言われて停学処分にされることもありました。

そんな、まるで前世紀から来たような大人たちが今の高校生に言うことは、すべて説教じみて聞こえ、反発しないまでも納得できるようなものではないでしょう。親と子どもとの間には「世代間ギャップ」は必ず存在するので、そこから親子の対立が生まれます。親からすれば、何を言っても聞き入れない子どもは反抗的だし、子どもからすれば、親はおせっかい、ウザイ、意味不明ということになるでしょう。しかし、親の言っていることは理解不能と切り捨ててしまえばそれまでで、そこから先の議論は続きません。

とはいえ、親の言っていることがすべて正しいとは言いきれません。親の忠告に従うほうがいいこともあるし、そこから飛び出したほうがいいこともあります。その判断は難しいけれど、なぜ親はそう思うのか、つまり親側の事情というか、親の手の内が少しでもわかれば、親の助言をうまく生かすのに役立つかもしれません。

つまり、「敵を知る」ということです。「敵を知り、己《おのれ》を知れば、百戦危《あや》うからず[*3]」といわれるように、敵を知ることは良い結果を得るためにはとても大切なことです。ここでは、親がどんな思春期を過ごしたのか、そして祖父母からどんなことを言われて育ってきたのか、今の親の考えのルーツをしっかりと押さえておくことを意味します。

ただし、すでに述べたように、大人は自分の思春期を忘れてしまっているので、直接聞き出そうとしてもなかなか要領を得ません。親は自分たちが許されなかったことは、自分の子どもにも許されないというように、今の子どもたちが生きている社会状況などおかまいなしに、一方的に自分の価値観を押し付けてきます。「なぜ高校に行くのか」という問いに対して、親世代の高校教育を持ち出してきてもまったく現実味がないかもしれませんが、今でも親が子どもに「高校には行かなければならない」と言うのは、じつは二世代前の価値観が大きく影響を残しているのです。

三世代の高校

高校進学への二世代前の影響をもう少し詳しく見ていくために、親や祖父母の時代の高校と現在の高校について比較してみたいと思います。具体的にイメージできるように、ここでは現在（２０１９〔平成31／令和元〕年）の高校１年生のＡ君（２００３〔平成15〕年生まれの16歳）を基準にして、その父親が１９７３（昭和48）年生まれの46歳、祖父が１９４８（昭和23）年生まれの71歳ということにします。そうすると、父親が高校１年生を過ごしたのは１９８９（平成元）年、祖父は１９６４（昭和39）年ということになります。この三世代の登場人物の生まれた年、高校１年生の時の暦年《れきねん》、出生数、高校進学率と大学進学率を表に示します。

まず、それぞれの世代が生まれたときの出生数を見てみると、Ａ君が生まれた２００３年の出生数は１１２万人で、父親や祖父の世代と比べてかなり少なくなっています。祖父は、

＊3　中国の春秋時代の兵法書『孫子 謀攻《ぼうこう》』篇の名言。原典では「彼を知り己を知れば百戦殆《あや》うからず」。

	A君	父親	祖父
年齢	16歳（2003年生）	46歳（1973年生）	71歳（1948年生）
高校1年生の暦年	2019年（平成31/令和元年）	1989年（平成元年）	1964年（昭和39年）
出生数	112万人	209万人	268万人
高校進学時の進学率	99%	94%	64%
同じ年の大学進学率	58%	36%	12%

終戦後の第一次ベビーブームの時期に生まれた世代（いわゆる団塊《だんかい》の世代[*4]）なので、非常に子どもの数が多く、父親の世代も第一次ベビーブーム世代が結婚して子どもが生まれたことで、やはり子どもが多い世代になりました（団塊ジュニア世代）。これらの世代と比較すると、A君の世代の出生数は父親世代のおよそ半数にまで減少しています。

祖父たちの「団塊の世代」は、急激な児童生徒の増加のために、教室はすし詰め状態で、どんどん学級が増える、何かにつけて競争の激しい時代を過ごしています。まだ日本全体が貧しかったことに加えて、高校の入学定員も十分でなかったために、高校進学率は64%にとどまり、高校進学は当たり前のことではありませんでした。ましてや大学は高嶺《たかね》の花で、大卒者はエリートとしてうらやまれた時代でした。

父親の世代になると、高校定員が拡大されて高校進学率は94%になり、中学卒業後には高校に行くのがふつうになりましたが、成績や内申書が悪くて入試で不合格になったり、不登校の生徒を受け入れてくれる高校が少なかったりしたこともあって、高校進学にはそれなりの緊張感が残っていた時代です。大学進学率はまだ36％で、高卒で就職するのが一般的でしたが、大学に進学した人たちは、ちょうどバブル経済崩壊後の就職難に直面し、けっこう苦労した世代でもあります。

それに対して、A君の世代では高校進学は当たり前のことになり、実際にほとんどの人が高校に入学できるようになりました。少子化の影響で高校は学級数を減らしたり統廃合されたりするようになりましたが、大学の入学定員は増え続けたことで大学進学率は60％近くにまでなり、高校だけでなく大学さえも当たり前の時代になろうとしています。

高校に行く文化

このように三世代の高校進学事情はかなり違うので、同じ高校という学校であっても、ぜんぜん違うもののようにさえ見えます。

祖父の世代の高校は、まだ「ぜいたく品」の教育というイメージが残っていて、それを受

＊４　堺屋太一の小説『団塊の世代』から名付けられた。１９４７（昭和22）年から１９４９（昭和24）年生まれの世代を指す。

けられるのは恵まれた人であり、庶民《しょみん》の子どもが高校に進学するとなれば「高校に行かせてもらった」というありがたい気持ちが伴うものでした。しかし、どんなに苦労してでも高校でしっかりと勉強して卒業すればチャンスが広がる、さらに大学に入ることができれば、まさに「末は博士か大臣か」と立身出世《りっしんしゅっせ》の夢が広がる時代でした。そこまで大げさではなくても、高校に行く努力は無駄にならないという信念がありました。

この二世代前の祖父たちが抱《いだ》いていた高校教育のありがたさと期待は強烈なものでした。そんな親に育てられた父親たちの世代は、すでに入試の倍率もせいぜい1倍をわずかに超える程度になっていたのにもかかわらず、「努力して高校に行かせてもらう」という思いを引き継いで、それを実行しました。ただし、父親たちの努力は高校に入るための努力から、より偏差値の高い高校に合格するという努力に変わり、そのために塾通いも当たり前になってきた時代でした。つまり、高校に入るための努力よりも、その先の大学受験を見すえた努力が求められるように変わったといえます。「中学3年生は受験生」という常識が確立し、努力して高校に行くという信念は祖父から父親に確実に受け継がれました。

祖父の時代のように高校がありがたい「ぜいたく品」ではなくなっても、やはり努力しなければ志望校に合格できないというプレッシャーを体験した父親は、中学3年生になった息子にも受験生としての努力を期待します。現実的には入れる高校がないということはなくても、だからといって好き放題させるわけにはいかないので、少しでも「上の高校」を目標に設定することで、勉強させようとします。もはや形骸《けいがい》化した「受験生」であっても、子どもの「しつけ」の手段として完全に定着しています。その意味で、高校に行くことは伝統、慣習、文化といえます。

たしかに、祖父の時代の椅子《いす》取りゲームのような競争的な高校受験や教育で身を立てることが完全になくなったわけではありませんが、今では「頑張って高校に行く」ということは、その努力に見合う学歴としてのメリットは小さくなったとしても、祖父の世代の高校への思いの影響は残っています。現在の高校に行くという文化は、まさに半世紀以上も続く伝統であり、現在の高校の現状からは合理的に説明できないことも多々ありますが、今でも根強く残り、思春期の重要な要素であり続けています。

そして、己を知る

高校生にとって、親や大人の言うことは古くさいだけでなく、さらにその前の祖父母世代の価値観を引きずっているとすれば、それはあまりにも時代遅れでとうてい理解できないかもしれません。しかし、そこをなんとかうまく折り合いをつけていかなければならないのが高校生のつらいところです。大人の言うことは「先人の知恵」でありがたい助言かもしれませんが、今の時代でもそのまま通用するのかどうかは誰も保証してくれません。親の言うことと友だちの言うことが真っ向から対立すれば、悩みは深まるばかりです。

思春期は子どもから大人への移行期であると同時に、大人の古い価値観と自分たちの新しい価値観とがぶつかり合う時期でもあります。それはまさに東西文化と新旧の文化が交錯《こうさく》したルネサンス[*5]のような時期といえます。親に反発すれば、親からは反抗と決めつけられますが、それは親の古い考え方と自分の新しい考え方の衝突でもあります。それはときには生産的で、そこから新たな道が開けることもあります。まさにルネサンスの創造性と同じような可能性を秘めた時期といえます。

しかし、ただやみくもに親の言うことに反発したり親を否定したりするだけでは創造性は生まれません。自分の考えをしっかりと作り出す、つまり「己を知る」ことが大切です。先に引用した孫子の言葉のように、敵を知るのと同時に自分自身についても知ることが、しっかりと生き抜くために求められます。己を知ることで、古い考え方との向き合い方が見えてきます。祖父の時代から続く「高校に行く」という文化に対して、その起源を知るのに加えて、自分はどういう高校生活を送るのかをしっかりと考えることで、思春期の生き方が見えてくることでしょう。

古いものがすべて否定されるものではありません。温故知新《おんこちしん》から未来へのチャレンジが広がります。それはとてもエキサイティングで、それこそがまさに青春の輝きであり、可能性です。

＊5　14世紀にイタリアに始まり、16世紀までにヨーロッパ全体に展開した学問上・芸術上の革新運動。

第5章　思春期の安全

転ばぬ先の杖《つえ》

人類史上もっとも長い思春期を生き抜くためには、自分の現在地を知って迷子にならないように気をつけるだけでなく、行く手に潜む危険に注意して安全に進むことも重要になります。出口の見えないトンネルを進むような思春期には、迷い、悩み、不安がつきものですが、それに加えてこの時期に特有の危険もたくさんあります。思春期から大人への道のりはけっして平坦《へいたん》ではなく、さまざまな障害物や落とし穴が待ち構えています。思春期にはどんな危険が潜んでいるのか、どんな注意が必要かを知ることも大切です。

しかし、今どこにいるのかをいちいち気にしないのと同じように、ふだんの生活では安全が脅《おびや》かされないかぎり、身のまわりの危険を気にすることはあまりありません。幸いにも日本は比較的治安が良いので、私たちはけっこう無防備に生活していますが、それでも突然の災害や事故に巻き込まれたり、家族に重大な問題が生じたりして、ふだんの暮らしが破綻《はたん》したときには状況は一変して、自分の命を守ること、安全を確保することに直面します。思春期にかぎらず、人生は何が起きるかわかりません。転ばぬ先の杖、備えこそが大切です。

思春期を生きることは戦闘地帯を突き進むような危険な行為だというわけではありませんが、人生の中ではもっとも不確かで危険に満ちた道のりで、ときには命を落とすこともある過酷な一面があります。さらに、エネルギーに満ちあふれた思春期には、勢い余って思わぬトラブルを引き起こしてしまうこともあります。やりたいことややるべきことはたくさんあるかもしれませんが、まずは身の安全をしっかりと守らなければなりません。

小学生のときに、「右を見て、左を見て、もう一度右を見て横断歩道を渡りましょう」と教えられた交通安全のように、危ないところを通るときには周囲の安全に十分注意しなければなりません。怖がってばかりでは何もできませんが、安全についての知識をしっかりと身につけることが、前に進む勇気になります。

ライ麦畑のつかまえ役

永遠の青春小説といわれるＪ・Ｄ・サリンジャーの『ライ麦畑でつかまえて』の中で、主人公のホールデン・コールフィールドは、高校を退学して何もかも嫌になっていたときに、幼い妹フィービーに「兄さんのなりたいものを言って」ときかれてしんみりと自分の思いを語ります。

とにかくね、僕にはね、広いライ麦畑やなんかがあってさ、そこで小さな子供たちが、みんなでなんかのゲームをしているとこが目に見えるんだよ。何千っていう子供たちがいるんだ。そしてあたりには誰もいない——誰もって大人《おとな》はだよ——僕のほかにはね。で、僕はあぶない崖《がけ》のふちに立ってるんだ。僕のやる仕事はね、誰でも崖から転がり落ちそうになったら、その子をつかまえることなんだ——つまり、子供たちは走ってるときにどこを通ってるかなんて見やしないだろう。そんなときに僕は、どっからか、さっととび出して行って、その子をつかまえてやらなきゃならないんだ。一日じゅう、それだけをやればいいんだな。ライ麦畑のつかまえ役、そういったものに僕はなりたいんだよ。[*6]

「ライ麦畑のつかまえ役（Catcher in the rye）」、それはまさに小説のタイトルそのものですが、子どもたちの危うさとそれを見守る大人の役割が表れています。日本ではライ麦畑はあまりなじみがありませんが、背の高いライ麦畑の中で遊びに夢中になっている子どもたちは危ない目にあうこともあるので、子どもたちのそばに「つかまえ役」がいなければなりません。子どもは家から一歩出れば、そこには危険がいっぱいです。道を歩くときには、子どもの手をしっかりと握って、危険から守るのは大人の責任です。

しかし、思春期になると行動範囲が広がり、自分たちだけで遠くまで行ったり、活動したりするようになるので、自分で最低限の安全を確保できるようにならなければなりません。もちろん、好き好んでトラブルに巻き込まれたいと思っている人はいないでしょうし、高校生にもなれば、小中学生ほど危なっかしくはないかもしれませんが、それでも興味本位や勢いで突っ走ってしまって大変なことになることはあります。

小学生には保護者や地域の人たちの見守りが大切ですが、思春期になると大人の「監視」を嫌って、むしろ大人の目の届かないところで行動することが増えます。そこにさらなる危険が待ち構えています。大人に頼らなくなるぶんだけ、自分自身で安全に対する意識をしっかりと持たなければなりません。

＊6　Ｊ・Ｄ・サリンジャー、野崎孝訳『ライ麦畑でつかまえて』白水社、１９８４年。

思春期の危ない行動

行動範囲が広くなって、親や大人の目の届かないところで過ごすことが多くなる思春期は、親からすれば心配でたまりません。また、親に秘密を持つようになる思春期になると、子どもの行動がますます見えなくなるので、親は疑心暗鬼《ぎしんあんき》になることさえあります。

思春期の危険は、誰にでも起こりうる危険に加えて、自ら危険を招くような行動をしやすいところに悩ましさがあります。つまり、この年代には危ない行動が目立つということです。そして、危ない行動をしている本人はたいてい、危ないことをしている自覚がないので、注意されても「大丈夫だよ」「心配しすぎ」、挙げ句の果てには「ウザイ」と聞き入れようとしません。

とくに危ないのは、ノリや勢い、あるいは「かっこいい」ということで無謀《むぼう》な行動をしてしまうことです。このような暴走は仲間と一緒にいることで過激になりがちです。自転車で信号を無視して交差点を突っ切ったり、台風が接近して高波が押し寄せる海岸で遊んだりといった、ひとつ間違えばとんでもないことになるような行動をすることもあります。

そんなことをしたら危ない、場合によっては命を落とすかもしれないとわかっていてもやってしまうことがあります。あとから思い出して冷や汗をかいたり、ドキドキが止まらない怖さを感じることもあります。冷静に考えれば馬鹿げたことで、危ないことは十分に理解できるのにやってしまうのを「若さ」と言ってしまえばそれまでかもしれませんが、輝かしい若さは危険と背中合わせであることも忘れてはなりません。

交通事故や転落のような大けがをしたり命を落としたりするような危険だけでなく、身体に有害という意味での危険もあります。いちばん多いのは飲酒で、まさに高校生が飲酒をしてはいけないことはわかっているのに飲むという点で、確信犯的な問題行動の典型といえます。本人たちは酒を飲んだくらいで死ぬわけじゃないと思っているかもしれませんが、お酒を飲み慣れていない未成年者が大量に飲めば急性アルコール中毒で死に至ることがあります。飲酒以外にも、タバコ、覚醒剤や大麻などの違法薬物の使用、妊娠や性感染症につながる性的行動なども、思春期に始まる危ない行動です。

危ないとはわかっていても、興味がそそられたり、友だちから誘われたり、仲間から取り残されないように一線を越えてしまうこともありがちです。「若気《わかげ》の至り」ですめばいいのですが、なかには生涯にわたる問題を背負い込むこともあります。何でもできる、何でも手に入る自由な時代だからこそ、安全意識はとても重要になります。

第二の誕生

まず何よりも命は大切です。しかし、若くて元気な高校生は、死について考えることはあっても、現実の死に直面することがあまりないので、死に対してリアリティを感じないかもしれません。たしかに、小中学生の年代は人生でもっとも死亡率が低い時期で、高校生になると死亡率が上昇し始めるものの、それでも大人と比べれば低いので、死とは縁遠いと思うのも無理はありません。

ただし、高校生の年代での死亡原因の約3分の2は自殺と不慮《ふりょ》の事故によるものであるという事実は、思春期の行動が死と強く関連していることを示しています。自殺や事故の原因や背景はさまざまですが、思春期の悩みや困難、あるいは危ない行動など、思春期ならではの問題が死につながるとすれば、思春期を生き抜くということは、まさに命がけのサバイバルの様相を呈《てい》してきます。平和な日本で、高校生だけがそんな決死の旅を続けているのでしょうか。

じつは私たちはみんな、そんな命がけのサバイバルをすでに経験しています。それは母親の胎内から誕生してきたときです。もちろん自分が生まれてきたときの記憶がある人はいませんが、狭い産道をくぐり抜けて「オギャー」と産声をあげるまでは、予断を許さない緊迫した時間です。命がけなのは赤ちゃんだけでなく、母親も同様です。現在では、比較的安全にお産ができるようになっていますが、１００年前は10万回の出産あたり約３５０人の母親が死亡し、生まれた赤ちゃんは１０００人中１５０人くらいが1年以内に亡くなっていました。新しい命の誕生は、母子ともに命がけのことなのです（参考までに、現在の妊産婦死亡率は出産10万回あたり３・４、乳児死亡率は出生１０００人中２・０）。[*7]

18世紀のフランスの哲学者ジャン＝ジャック・ルソーは、思春期を「第二の誕生」と説明しました。「わたしたちは、いわば、二回この世に生まれる。一回目は存在するために、二回目は生きるために。はじめは人間に生まれ、つぎには男性か女性に生まれる」（『エミール』第４編）[*8]と書いているように、第一の誕生はまず新しい命ある人として母親の胎内から生み出されることで、第二の誕生は男性か女性の役割を持って自分で生きていく存在、つまり大人になることを意味しています。その第二の誕生が思春期です。

たしかに、子どもから大人への移行は、母親の胎内から外界に出るのと同じくらいの激変であり、その移行の間は生命の危険にさらされても不思議ではありません。思春期はそれほどまで大変な時期であることもまた事実です。

心の危機

思春期は無謀で危ない行動によって、ときには命を落とすことさえある一方で、命にかか

＊7　厚生労働省、平成29年人口動態統計による。
＊8　ルソー、今野一雄訳『エミール（中）』岩波書店、２００７年。

わるような重い病気にかかることは非常に少ないので、身体的にはとても健康度が高いともいえます。しかし、身体の健康とは対照的に、迷い、悩み、不安に支配される思春期は、心理的にとても不安定になることで、心の危機に直面します。それはしばしば死を考えるほど思い詰め、実際に自らの命を絶つほどに深刻な危機になることもあります。

心というのは抽象的《ちゅうしょう》で曖昧《あいまい》なところがあるので、心の危機を具体的に説明することは難しいことです。危ない行動や身体的な病気は、目で見てわかるところがありますが、人間の心の中は外から簡単に見ることができないので、ますますわかりにくくなります。じつは深刻な悩みを抱えていても、ふつうに話をしているだけでは何も悩んでいないように見えることもあります。反対に、なんとかしんどさをわかってほしいと思っても、自分の悩みをうまく表現できずに助けを求められないこともあります。心は私たちにとってとても重要なのに、とても扱いにくいのが悩ましいところです。

思春期には考えなければならないことがいっぱいで、なおかつとりあえずでも決めなければならないことが次々と現れます。今日はどの服を着て行くか、誰と遊ぶか、何をするかといった何でもない日常的なことから、どの大学を受験するか、将来どんな仕事に就くのかといった、人生のとても重大な決定まで、自分で考えて自分で決めなければならないことが目白押《じろお》しです。

それに加えて、対人関係は複雑になり、ちょっとした行き違いで深刻なトラブルになったり、他者と比較して劣等感にさいなまれたり、人前で失敗して恥をかいたり、目標が達成できなくて挫折したり。思春期の心はいつもボロボロに疲れ果てて、何もかも嫌になることも珍しくありません。

しかし、何もかもがうまくいくような順風満帆《じゅんぷうまんぱん》な思春期はありません。むしろ悩みや苦しみのないことのほうがおかしいと言ってもいいかもしれません。まだ何も実績のない若者が、大人として自立していくことは簡単ではなく、心が平穏でいられるはずがありません。ときには心が折れて自暴自棄《じぼうじき》になるほどまでに、悩み苦しむのは思春期のいちばん大切な作業とさえいえます。まわりで見守る大人たちには、とても不安定で危うい心の危機に見えますが、それを避けて通ることはできません。

覚醒剤などのドラッグを使用するような危険は絶対に回避しなければなりませんが、心の危機はなんとかして乗り越えていかなければなりません。

「心を病む」というたとえ

思春期の心の危機にかぎらず、悩んで落ち込んでいる人に「心を病む」という言い方をすることがよくあります。たしかに心が病気になることはありますが、多くの場合は比喩《ひゆ》的に

「病気」という言葉が使われているので、本当に病院に行かなければならないような病気というわけではありません。「恋の病」は病院に行って治すものではないのは言うまでもありません。

ところが、最近は「心の病」が非常に流行《はや》ってきていて、ちょっとふだんと違う、みんなとは違うことが病気にされることが増えてきました。「うつ病」「双極《そうきょく》性障害」のような本格的な病名に加えて、「発達障害」がいろんなところで使われるようになり、さらに「スマホ依存症」とか「ゲーム依存症」など、高校生の生活習慣にまで病名が付けられる時代になってきました。もはや高校生も「心の病」と無縁ではいられない時代です。

問題は、心の危機に直面している高校生は、本当に心を病んでいるのかということです。どんなに悩みが深刻であっても、ふつうに学校に行って授業を受けているかぎりは、周囲の人たちはあまり深刻に受け止めてくれず（それはそれで問題ですが）、学校生活に重大な支障（たとえば欠席が続く）が生じるとはじめて、「どうしたの？」と心配されます。そして、カウンセラーに相談するように言われたり、さらには「心療内科」の受診を勧められたり、いろんな専門家が出てきて「ケア」が始まります。医者にかかるようになれば「心の病」はたとえではなく、本当の病気として治療の対象になってしまいます。

たしかに、高校生になるころには本当の精神疾患が発症することがあるので、念のために診察を受けることが必要になることもありますが、思春期の心の危機そのものは、個人の発達と成長の道のりの中ではむしろ正常な現象であることも忘れてはなりません。それどころか、悩みや苦痛がない、つまり、心の危機がまったくないことのほうがむしろ異常とさえいえます。

見方を変えると、人生の中では思春期自体が異常な時期ということもできます。そんな異常事態にいる高校生が「心を病む」のはきわめて正常なことです。大地震で自宅が倒壊して避難してきた人たちは、不安や恐怖心に苦しんだり眠れないつらさを経験します。それらの「症状」は、平時には異常であり病気と診断されたとしても、被災して避難生活を送っているという異常事態においてはまったく正常な反応です。思春期の心の危機も思春期という異常事態における正常反応といえるものがほとんどです。

抽象的でわかりにくい心の危機は、病気にたとえることでわかりやすくなるのも確かですが、やみくもに病気と思い込むことで、さらに悩みが深まることもあるので、気をつける必要があります。

安全の秘訣《ひけつ》

子どもから大人に向かう思春期の道にはさまざまな危険が潜んでいますが、この難関を避けて通ることはできません。心が折れそうになることもありますが、かといって、もと来た道を引き返すこともできません。前に進むしかないのです。

苦しいのは自分が弱いからでも病気だからでもありません。苦しいのはみんな同じです。この時期をどうやって少しでも安全に乗り切るかは、このあとの第Ⅱ部で詳しく説明していきますが、とりあえず安全の秘訣をひとつだけ示しておくとすれば、危ない道を進むときは一人にならないことです。

だから友だちが大事だということではありません。友だちが一緒にいれば心強いのは確かですが、友だちもまた自分と同じように不確かな思春期の道を進んでいるので、頼りになるとはかぎりません。友だちがいることで少しだけ安心しても、安全が確かになるわけではありません。

孤立しないために必要なのは、しっかりした大人とのつながりです。外見的には大人に近づいて、いろんなことができるようにはなっていても、まだ大人に頼っている間は「ライ麦畑のつかまえ役」が必要です。それは大人の言うことをきいて「良い子」になるということではありません。子どもにとって大人は岬《みさき》の突端《とったん》に立つ灯台のような、暗闇の中でも方向を知らせてくれる存在です。思春期のトンネルを抜けるまでは、大人とのつながりを断ち切らないことが、少しでも安全に進むためにはとても大切です。

Ⅱ 思春期の仕事

第6章 学校に行くという仕事

学校のある生活

高校生は高校に在籍しているから高校生なので、あくまでも高校があってこその存在です。しかし、現実的には高校に進学しない選択肢はないも同然なので、ほとんどの人は高校生として思春期を過ごすようになっています。今では、高校と無縁の思春期は考えられません。その結果、高校生活がうまくいくかいかないかで、思春期の生活の質が左右されることになり、その後の人生にも大きな影響を及ぼしかねない、重大な意味さえ持つようになっています。

私たちは物心がついたころからすでに子どもが学校に行くのは当たり前のことだと信じ、小学校に入学してからずっと毎朝登校する生活を続けます。日中の時間を学校で過ごすだけでなく、ご丁寧にも先生は毎日宿題を出してくれるので、家に帰ってからの生活にも学校が入り込み、なかなか学校から離れることはできません。それほどまでに子どもの生活には学校が深くかかわり、ほとんど逃れようがありません。

ときどき行きたくない日もありますが、「病気」にでもならないかぎり勝手に休むことは許されません。なんとか口実を見つけて休もうとしても、「きもちが悪い」「頭が痛い」くらいでは休む理由にはなりません。熱さえ出てくれれば比較的すんなり休ませてもらえますが、今度は病人として家でおとなしくしていなければならないので、病気で休むのも楽ではありません。

子どもが学校に行くのはあまりに当たり前すぎて、なぜ、何のために学校に行かなければならないのかを考えることもありません。そのくらい学校は子どもの生活の一部になっています。

学校に行く義務

どうして学校に行かなければならないのか、どうして勉強しなければならないのかという疑問に対して、「義務教育だから」と答える人が多いかもしれません。義務教育制度は国によって異なりますが、日本の場合は小学校から中学校にかけての9年間が義務教育になっています。だから、子どもが学校に行きたくないと言っても、「義務教育だから行かなければならない」と説明する親は多いし、そうだと思っている子どもも少なくないと思います。

日本の義務教育制度は憲法にもとづく教育制度ですが、ちょっと中途半端で誤解されやすい面があります。憲法第26条には「すべて国民は、法律の定めるところにより、その能力に応じて、ひとしく教育を受ける権利を有する」とある一方で、「すべて国民は、法律の定めるところにより、その保護する子女に普通教育を受けさせる義務を負ふ」とあるように、国民には教育を受ける権利はありますが、教育を受けなければならない義務はありません。義務があるのは保護者のほうで、保護者は子どもに教育を受けさせなければなりません。

つまり、未成年者の喫煙の問題と同じで、義務教育は大人側の義務であって、実際に子どもを学校に行かせる義務を履行《りこう》しなかった場合は、「10万円以下の罰金に処する」と規定されています（学校教育法第１４４条）。したがって、子どもが学校に行きたくないと言っても、親には行かせなければならない義務と責任があるということで、子どもの義務というわけではありませんが、いずれにしても子どもは学校に行かなければならないということに変わりはありません。

それに対して、子どもが有している教育を受ける権利というのは、基本的人権のひとつであり、国民のとても大切な権利です。すべての子どもは学校に行く権利があり、学校に行きたい子どもを拒むことはできません。ただし、あくまでも権利なので、必要なければ放棄してもいいと思うかもしれませんが、選挙権と同じように簡単に放棄してもいいものではありません。権利には責任も伴う重さがあることを忘れてはなりません。

現在の社会の仕組みでは、子どもは学校から逃れることはできません。高校は義務教育ではありませんが、実際には義務教育同然になっているので、少なくとも18歳までは学校に行く生活が続くことになります。

学校は子どもの仕事場

実際の親子の会話では、義務だの権利だのとめんどくさい議論をするよりも、「学校に行くのは子どもの仕事だ」と言うのが手っ取り早いし、子どもにとってもなんとなく納得せざるをえないものがあります。子どもはまだ仕事をしなくてもいいけれども、そのかわりに学校に行かなければならないというのは、わからないでもありません。

一般的に、家庭の生活では、家族にはそれぞれ役割があります。小学生でも、犬の散歩だとか、夕食後の食器の片づけだとか、何かしらの「お手伝い」をするもので、それは日本の子育ての文化であり、家庭教育の重要な要素になっています。こうして子どもたちは小さいころから働くことの大切さを教えられます。

もちろん、親はきちんと働いて家族を養わなければなりません。働かなければ生きていけないので、それは義務というより、もっと差し迫った必要性に駆《か》り立てられた役割です。だから、ちょっとぐらいのことで休むわけにはいかないし、残業で遅くなったり、休日を返上して働くこともあります。親にしてみれば、そんな厳しい仕事の世界と比べたら、学校に行くことなんて何でもないことだ、「本当の仕事」と比べたら「学校に行く仕事」のほうが楽だから毎日きちんと学校に行くのは当たり前、という理屈になります。

そして実際に、ほとんどの子どもたちは勤勉に毎日学校に通っています。毎朝、慌《あわ》ただしく朝食を食べて支度《したく》をして「いってきます」と出かけて行く姿は、大人たちが仕事に行くのと変わらない光景に見えます。

毎日時間どおりに学校に行くのは仕事に行くのとそっくりですが、学校は仕事場ではなく勉強するところなので、そこで子どもたちは労働するわけではありません。しかし、じつは日本の学校には労働に相当するようなことがたくさんあります。その典型例が掃除《そうじ》当番で、自分たちの教室だけでなく、廊下やトイレも児童生徒が毎日掃除しているのは、日本の学校ではごくふつうの光景です。これは伝統的に教育活動として行われているかもしれませんが、学校以外の施設や会社であれば清掃業務という仕事になるので、労働とみなすことはできます。

そうやって学校生活をあらためて見直してみると、「学校に行くのは仕事」というのは単なるたとえというよりも、たしかに学校は子どもの仕事場のように見えてきませんか。

過酷な労働

さて、学校に行くのは仕事だというたとえで、子どもが学校に行く理由を説明しても、所詮《しょせん》は大人のしている「本当の仕事」ではなく、ままごと遊びのように思っている大人も多いかもしれません。しかし、あらためて学校に行くことを仕事として見直していくと、これがけっこう過酷な労働である事実が浮かび上がってきます。正規の業務に相当する授業だけでなく、部活や塾も含めれば、子どもの「労働時間」はかなりの時間になります。それに加えて、高校生になると長時間の通学を強《し》いられることがあり、朝まだ暗いうちに家を出て、帰宅は午後10時を過ぎるという場合もあります。

そうはいっても、「学校には夏休みや冬休みのような長期休暇があるからいいよな」と大人たちは言います。たしかに学校の夏休みのような数週間にも及ぶ連続休暇は、大人にとってはどうやっても不可能な夢のまた夢です。しかし、高校生の場合は、夏休みになっても補習があったり模試があったりして、本当に学校に行かなくてもいい日はせいぜい1週間くらいのこともよくあります。私立の学校には、土曜日も授業があるところが多いので、それも考慮すれば、子どもは休みが多いとは言いきれないところがあります。

会社には有給休暇がありますが、学校にはありません。つまり、学校のある日はすべて登校するのが基本で、休むのは病気や忌引《きび》き、学校が認めた活動など、例外的なことです。とくにはっきりした理由もなく、欠席が30日を超えると「不登校」の定義に当てはまってしまいます。[*9] 年間30日の欠席であれば留年にはならなくても「不登校生徒」にカウントされてしまうのは、子どもが学校に行くということは「休まずに」というのが基本であることを暗に示しています。

このように、学校に行くのは仕事と変わりないばかりか、むしろ過酷な労働とさえいえますが、学校と仕事の最大の違いは、なんといっても学校に行くという仕事は無給だということです。どんなに一生懸命勉強しても、学校の活動に取り組んで成果を上げても、一円のもうけもありません。何を馬鹿なことをいっているかと思う人も多いかもしれませんが、かつてアメリカのイヴァン・イリイチという社会評論家は、教育を受けることは賃金の支払われない労働だとして、生徒を「被教育労働者」と表現しました。[*10]

労働の対価としての給料がないばかりか、労働基準法にも守られない学校に行くという仕事は、かなり過酷な労働です。

何をする仕事だろうか

学校に行くことは仕事だ、つまり労働だとすれば、それは一体何をする仕事なのでしょうか。

ごく単純に仕事の内容を分類すれば、何か物を作る、売る、サービスを提供する、のいずれかになります。社会経済の発展とともに産業構造が変わり、仕事の内容も変わっていきますが、現在の日本では、物を作る仕事は減って、サービスを提供する仕事が増える傾向があります。学校の先生の仕事は生徒を教えることで、これはサービスの提供に分類されますが、生徒を教えるためには教員免許がなければならないので、専門的な仕事でもあります。

では、学校で生徒はどんな労働をしているのでしょうか。常識的には、授業を受けて勉強することが仕事というのがいちばんわかりやすいと思います。毎日、決められた時間割に従って授業を受けるのは、たしかに仕事の構造と似ています。おまけに授業ごとに出席をとられるので、タイムカードで管理されている労働者のようです。でも、そうやって授業を受

＊9　文部科学省の学校基本調査では、年間30日以上欠席した者を「長期欠席者」とし、このうち「病気」や「経済的理由」以外の何かしらの理由で、登校しない（できない）ことにより長期欠席した者を「不登校」と定義している。
＊10　I・イリイチ、玉野井芳郎・栗原彬訳『シャドウ・ワーク』岩波書店、2006年。

けることで、誰にどんな利益が生まれるのでしょうか。学校に行くこと自体は仕事に行くのと似た構造であることは確かですが、そこでやっていることは仕事の要件を満たすわけではありません。

本来、学校に通って勉強することは、誰のためでもなく自分のためにしていることです。勉強して知識や能力が身につくのは自分自身であって、それが誰かの利益になるわけではありません。テストで良い点を取ると親が喜ぶからといって、親のために学校に行っているわけではありません。自分の利益のためだけにやっていることを、一般に仕事とはいいません。それは趣味ということになります。スポーツでいえば、プロではなくアマチュアです。仕事というのは人や社会のために役立つことで成立するので、勉強を仕事というのはちょっと違います。

高校生の場合は、「大学に行くため」とか「就職するため」とか、現実的な目標があるので、何のために高校に行って勉強するのか少しはわかったような気がしてきます。ただし、進学や就職は卒業後のことなので、高校生としての利益というわけではありません。つまり、将来大人になってから利益を得るための準備作業ということになるので、料理でいえば下ごしらえをしているような仕事といえます。それもあくまでも自分のためにしているのであって、誰かのために働くのとは違います。

つまり、学校での仕事は自分のための学びであり、学びに専念することが子どもの役割ということになります。

学校で何を学ぶのか

小学校から高校まで、私たちはなにげなく学校に通い、時間割に従って授業を受ける生活を続けていて、そこで何を学ぶのかをあらためて考えることはめったにありません。自分が何を学びたいかという前に、決められた授業を受けなければならないという、受け身の姿勢になりがちです。数学が好きだからといって、数学の時間を増やすことはできないし、体育が苦手だといっても体育の授業を受けないことは許されません。

義務教育の根拠になっている憲法第26条には、義務教育としての教育は「普通教育」と明記されています。普通教育とは、すべての国民に共通する一般的・基礎的な教育で、職業的・専門的ではない教育のことをいいます。つまり、すべての人に必要で役立つことを学ぶのが普通教育ということになります。高校には普通教育ではない専門学科がありますが、最近は専門学科は減少し、普通科で学んでいる生徒の割合が増えています。

職業的・専門的な教育に比べて普通教育はつかみどころがありません。たしかに、もっとも基礎的な「読み・書き・算」ができないと社会生活にも支障があるので、少なくとも小学校低学年の教育には実用性があることはわかりますが、それから先の教育は生きていくのに必要があるのかないのかわかりません。少なくとも、ピタゴラスの定理もオームの法則も、日常生活には必要のないものです。現実的には、小学校4年生レベルの国語と算数の学力があれば、だいたい社会でやっていくのに不自由はありません。

つまり、それから先の学習は、生きていくために直接的に役立つとはかぎらないもので、してもしなくても関係がないように見えます。強いていえば、そつなく勉強して成績を上げれば、「良い高校」に行けて、さらに高校でも頑張れば「良い大学」に行けることになるので、学歴には有利であり、その意味で役に立つとはいえます。ものすごく割り切れば、大学受験のためだけの勉強になり、本来の高校での学びの意義が見えなくなってしまいます。

学校ではたくさんのことを学びますが、それが直接何かの役に立つというものではありません。そうであるとすれば、成績が悪くても悲観的になることはなく、「オレは頭悪いし」と自己否定的になることもありません。とくに役に立たない勉強の成績で、人間としての評価を下げられてはたまったものではありません。

学力がすべてではない

たしかに、学校での学びのほとんどは直接的に生活に役立つものではありませんが、だからといって無駄とか、どうでもいいというわけでもありません。普通教育によって得られるものは教養であり、幅広い知識を身につけることで、自分の生き方に大きな影響を与える点で、とても重要なものです。これからの生き方を考える思春期には、教養としての学びはけっして無駄ではありません。

そもそも学校に行くという仕事にはじつは無駄なことが多く、無駄なことにむしろ学びとしての意義があることさえあります。高校の場合は、教科ごとの出席時間と成績で「単位」を修得しなければ卒業することができないので、[*11]突きつめていけば単位さえ取ればいいという合理主義に陥《おちい》ってしまう可能性がありますが、高校での学びはそれだけのものではありません。高校は授業がすべてではなく、むしろ、授業の内容以外のところでの学びのほうが多いかもしれないし、そこに生きていくために役立つ学びのチャンスが潜んでいます。

学びの場や機会は学校だけではありませんが、現在では子どもの学びは学校が独占していて、それ以外の学びの余地は非常に限られています。実際には、塾に通う子どもが増えてき

＊11　法律上、高等学校に3年以上在籍して合計74単位以上取得することが、高校卒業の最低基準。

ているので、学校だけで勉強しているわけではありませんが、最終的には学校の成績で評価されるので、やはり子どもの学びは学校が支配していることになります。そして、学びの結果は学力に集約されます。

もし、学校に行くことが学力だけに集約されるなら、必ずしも学校に行く必要はなくなり、不登校もぜんぜん心配する必要がなくなります。それどころか、めんどくさい学校なんか行かないで、塾や家庭教師で勉強して、高卒認定試験*12を受けて東大に行くこともできるし、実際にそれを実現している人もいます。

でも、そんな超合理主義的な教育観に疑問を持つ人も多いかと思います。実際に、不登校になっている人たちは、「学校に行きたい」「ふつうの高校生活をしてみたい」とよく言います。つまり、学校に行くことは、学力だけではなく、もっといろんな要素があり、私たちはそれを期待しています。それは部活だったり、学園祭や修学旅行だったり、友だち関係だったり、先生との交流だったり——ともすれば「おまけ」のような、一見無駄に見えるようなことにもたくさんの学びがあります。

ただ単に義務として学校に行くのであれば、高校生はまさに「被教育労働者」であり、それは大人の仕事よりも過酷な労働になってしまうでしょう。しかし、いろんな出会いと経験を求める意欲、期待、感受性を持って学校に行くことは、けっして労働ではなく自分自身の活動です。それを強いて仕事にたとえるなら、何かを作り出す仕事、つまり、自分を育てる仕事といえるのではないでしょうか。

＊12　正式には「高等学校卒業程度認定試験」。さまざまな理由で、高等学校を卒業できなかった人の学習成果を適切に評価し、高等学校を卒業した者と同等以上の学力があるかどうかを認定するための試験で、合格者には大学・短大・専門学校の受験資格が与えられる。

第7章 思春期の課題＝本当の仕事

見せかけの成果

高校生が学校に行くのは仕事だ――より正確には、学校に行くのは仕事に行くようなものだ――といっても、それがそのまま思春期の仕事というわけではありません。学校はあくまでも学校であり、学校の課題さえきちんとしていれば、思春期にやるべき課題が達成されるわけではありません。たまたま今はほとんどの人が思春期を学校で過ごすようになったので、学校生活が思春期の活動であるかのように見えますが、学校に行っていようがなかろうが、思春期に固有の課題はたしかにあります。

思春期を乗り越えようとしている高校生にとって、学校での課題には気をつけなければならない点があります。勉強にしても、部活にしても、学校での活動には具体的な成績や結果が伴うことで、必然的に競争に巻き込まれ、常に目標に向かって努力し続けることが求められます。頑張って勉強して成績が上がれば、休む間もなくさらに高い目標が設定されて、これまで以上の努力が求められます。部活の場合も、地区大会で勝てば、次は県大会や全国大会と、終わりのない闘いが続きます。

たしかに、何かで結果を出そうとすれば、他者との競争は避けられず、そこに勝者と敗者が生まれることになります。学校での課題には、そんな優勝劣敗の原理[*13]があり、思春期の若い心に重大な影響を与えます。勝つことで自信を持つこともあれば、負けて挫折感に苦しみ続けることもあります。それだけで人間としての評価が決められるのであれば、あまりにも過酷な現実であり、将来に希望がなくなってしまいます。

しかし、思春期の課題は必ずしも他者との比較や競争によって達成されるものではなく、あくまでも一人ひとりの中での成長、つまり自分との闘いなので、そこには勝者も敗者もありません。他者からの評価は気になりますが、思春期の課題には点数や勝敗のような目に見える結果がありません。学校の活動で結果を出すことで、ひとまず安心できるかもしれませんが、それは見せかけの成果であって、それが思春期の課題への答えではありません。つま

＊13　優れた者が勝ち、劣った者が負けるという競争原理。生存競争で、強者・適者が栄え、そうでない者が滅びるという適者生存の原理。

り、学校での課題とは別に思春期の課題があるということです。

わかりやすい成果で一喜一憂するだけではなく、思春期の課題に向き合うことが大切です。それこそが思春期の本当の仕事といえます。

思春期にすべきこと

思春期にすべき重大な仕事は、自力で一歩踏み出すことです。親に導かれるのではなく、自分の意志で歩き始めることです。それまでの依存的で親まかせの生き方から、自分で考えて、自分で行動するようになると、まるで生まれ変わったかのようにまわりの世界は一変します。まさに第二の誕生です。しかし、新たな世界への一歩にはとても勇気がいります。見知らぬ世界には、好奇心がそそられるワクワクするような気持ちと同時に、何が起こるかわからない戸惑《とまど》いや不安もあります。

１９６９年に人類で初めて月面に降り立ったアポロ11号のアームストロング船長が発した言葉は、まさに自力での一歩を踏み出す思春期の若者の気持ちにも通じるものがあります。

That's one small step for a man, one giant leap for mankind.
（一人の人間としては小さな一歩だが、人類にとっては偉大《いだい》な飛躍だ）

少し大げさな引用かもしれませんが、思春期に個人の中で起きていることは、誰も降り立ったことのない月面に最初の一歩を踏み出すのと同じくらいの偉業《いぎょう》だと思います。大切なことは、とにかく一歩を踏み出すことであり、新たな経験をすることです。思春期には行動力と実行力が高まりますが、初めてのことばかりなのでなかなかうまくいきません。だから、一生懸命に頑張っても良い結果が出るとはかぎりません。それどころか、経験も実績もないのだから、結果が出せるはずがありません。しかし思春期の一歩は、結果ではなく、経験そのものにとても価値があります。

実際には、思春期の一歩は、興味や関心の変化として見ることができます。小学校でずっと少年野球をしてきた男の子が、中学校ではサッカー部に入りたいと言い出したり、ピアノを習っていた女の子がレッスンをやめると言い出したり、活動や行動パターンが突然変わったりします。もっとやりたいことが出てきたり、今までやってきたことに意欲を失ったり、理由はさまざまですが、思春期に入ると否《いや》が応でも生活は一変し、親やまわりの大人たちは戸惑い、怒り出したり、説得したり、大騒ぎになることもあります。

なかには、思春期にも波風を立てずに、順調にそれまでどおりの生き方をしているように見える人もいます。小さいころからピアノを習ってどんどん上達し、中学生になってさらに頑張って音楽の道に進んで行く人は、自分の一歩を踏み出していないかというと、必ずしもそうではありません。きちんと思春期の仕事として自分の世界に踏み出せた人は、いったんそれまでの生き方をやめて新たに選んだ道が、たまたまそれまでと同じだっただけということです。同じ活動をしていても、本人の中での意識はすっかり変わり、自分の意志でやっているという自覚ができていれば大丈夫です。要するに、自分自身の中での切り替えが大切ということです。

思春期の課題――自己決定、責任感、自信

新たな世界に自力で踏み出す思春期には、３つの大きな課題に向き合わなければなりません。ひとつめは「自分で考えて自分で行動する」、すなわち自己決定、ふたつめは「自分の行動に責任を持つ」、すなわち責任感、そして「ほかでもない自分としての存在」、すなわち自信です。これらの課題に向き合うことが思春期の本当の仕事です。

思春期のもっとも大きな変化は、自分の意志がはっきりしてくることです。つまり、自分で考えて自分で決めるという自己決定がとても重要になってきます。親の言うことに従うだけだったり、指示を待つような受け身の生活から、自分の意志で行動する積極的な生き方に変わるのが思春期です。「自主性」とか「主体性」が芽生えてくることで、自分のまわりの

世界を自分の目でしっかりと見て、自力で行動するようになります。

そうなると、なにげなく過ごしていた日常生活にも、自分で考えて決めなければならないことが山ほどあるのに気づきます。親にいちいち口出しされたくなければ、そのぶん自己決定しなければならないことは増えていきます。さらに、学校生活や進路の問題になると、より重大な自己決定が待ち受けています。信頼できる人に相談することもできますが、最後は自分で決めなければなりません。まだ知識も経験もないので決められないことばかりですが、次々に重大な自己決定が求められます。

自己決定には自己責任が伴います。親の言うとおりにして結果がダメだったら親のせいにすればいいでしょうが、自分の好きなようにやってうまくいかなかったら、誰かのせいにするわけにはいきません。自己決定をしようとすれば、責任をしっかりと意識せざるをえません。

もちろん、まだ社会的に成人になっていないので、大人と同じような責任を求められるわけではありませんが、自分の発言や行動に対する責任感は求められます。高校生の場合は、欠席が増えれば単位が取れずに留年したり、校則違反で謹慎や停学などの処分を受けたりすることがありますが、これらは年齢相応の責任といえます。

自分で考えて自分で行動し、その結果に対する責任感があれば、それは紛《まぎ》れもなく一人の独立した人間といえます。誰かに頼って、世話をしてもらわなければ何もできないのではなく、自分のやりたいことがあって、それに向かって行動することができれば、それこそが「ほかでもない自分」という存在です。

自分に対して自信を持つというと、なんだか傲慢《ごうまん》なイメージを持つかもしれません。日本人は謙虚《けんきょ》な人が多いので、自分をひけらかすような態度は敬遠されがちですが、大切なのは自分の内面に持つ自信です。いつも他者と比較して一喜一憂している人は自分に自信がありません。自己決定と責任感をしっかりと支えるのが自信であり、けっして他人よりも能力があると思うことが自信ではありません。だから、思春期の自信には根拠や実績は必要ありません。思春期に求められるのは、「自分を信じる」という自信です。

本当の仕事――迷い、悩み、不安

自己決定、責任感、自信という思春期の課題を突き付けられても、「めんどくせ～」とか「そんなのムリ!」という人も多いかと思います。逆に、この難しそうな課題に真剣に向き合おうとする人にとっては、頑張れば頑張るほど自信を失い、「ほかでもない自分」がどんどん遠くに行ってしまうように感じるかもしれません。

たしかに、これから大人になっていく人たちの目標としては重要な課題であることは間違いなく、大人たちはみなさんにこの課題を達成することを期待しますが、実際にはこれらを思春期に達成することはほぼ不可能に近いといっても言い過ぎではありません。孔子の『論語』に出てくる「四十而不惑（四十にして惑わず）」[*14]のように、このテーマを達成するのは早くても40歳ぐらいというのが本当のところだと思います。

だから、高校生がどんなに頑張ったとしても、この三大テーマを達成して、まさに不惑の境地に到達することはありません。つまり、自己決定、責任感、自信はあくまでも目標であって、絶対に達成しなければならないノルマではなく、ましてや大人になるための条件でもありません。高校生に求められるのは、これらの課題に向き合うことであり、結果を出すことではありません。

そうはいっても、達成不可能な目標に向き合うことは大変なことです。だから、思春期の課題に向かって努力しているというよりも、うまくいかない苦しさとか自己嫌悪《じこけんお》ばかりを感じて、ますます自信を失って不安になります。この苦しさは思春期の課題と表裏一体の関係にあるもので、自己決定には「迷い」、責任感には「悩み」、自信には「不安」がそれぞれ対応します。

＊14　『論語』の為政編の一節で、40歳になれば、ものの考え方に迷いがなく、心が乱れたり悩んだりしないことを表している。

たとえば、将来の進路を決めるという大きな自己決定に迷うのは当然で、とりあえず志望校や学部を決めたとしても、本当にこれでいいのかという迷いは残ります。そして、自分で決めた志望校に受かるかどうかは自分しだい、つまり自己責任で、悩みがなくなることはなく、先の見えない不安な日々を送ることになります。進路の問題だけを見ても、高校生の生活には、迷い、悩み、不安でいっぱいです。

思春期の課題を追い求め続けていると、自己決定、責任感、自信という思春期の目標は遠くかすみ、目の前は迷い、悩み、不安ばかりになり、むしろこっちのほうが思春期の課題のように思われてきます。

ここで気をつけなければならないのは、迷い、悩み、不安は失敗でも敗北でもなく、思春期の課題に向き合えば避けられない産みの苦しみであるということです。すんなりと目標を達成すればこんな苦しみを経験しなくてもすむというものではなく、むしろ迷い、悩み、不安こそが重要な経験であり、思春期の本当の仕事だとさえいえます。どうやっても思春期の課題は達成できないとすれば、結果よりも、迷い、悩み、不安が努力の証《あかし》として評価されることになります。

もうひとつの仕事＝反抗

思春期の本当の仕事としての迷い、悩み、不安は、一人ひとりの内面での課題ですが、他者を巻き込むもうひとつの重要な仕事があります。それは「反抗」です。親への反抗という形がいちばん一般的ですが、学校の先生や社会への反抗という形をとることもあり、大人の目から見た思春期を特徴づける行動として知られています。

親にしてみれば、子どもの反抗は厄介《やっかい》なもので、できれば反抗期がないにこしたことはなく、子どものほうも好き好んで親に文句を言いたいわけでもありません。ましてや、反抗できるようにならなければ大人になれないというわけではありません。しかし、反抗は自己決定のためのとても重要な作業であり、けっして無駄なことでも悪いものでもありません。

思春期の自己決定の中でも、どんな大人になるのかを決めることはとても難しいことです。江戸時代のように身分制度で縛《しば》られていた時代は、農民の子どもは農民にしかなれないので選択の余地はなく、昭和の時代になっても「跡継《あとつ》ぎ」という考えが残って、家業や親の仕事に縛られることもありましたが、今ではほとんどの親は子どもが自由に生きる道を選ぶことを認めるようになりました。

「おまえのしたいことをすればいいよ」という親の言葉はありがたいと同時に、「何も口出ししないから自分で考えろ」と言っているのと同じで、まさに自己決定と責任を突き付けていることになります。３６０度どっちの方角に進んでもよいと言われると、かえって一歩も踏み出せなくなるものです。自由であればあるほど責任が重くのしかかり、悩みは深まります。

そんな深い悩みを打開するのが親への反抗です。子どもにとって、もっとも身近な大人が親です。大人のモデルとして親を見たときに、「この人のような大人になりたい」と思うか「この人のような大人にだけはなりたくない」と思うか、ふたつにひとつです。そして、思春期にはたいてい後者が優勢になって、親を毛嫌《けぎら》いして、ことあるごとに反発して、ときには暴言を吐いたりすることさえあります。これがいわゆる「反抗期」というやつで、ピリピリした親子関係がしばらく続きます。

親を全否定することは、無数の可能性の中からひとつの具体的な大人を除外することになります。つまり、反抗する相手の大人の数だけ、消去法的に自分の将来の可能性を絞り込むことができます。最終的には、いちばん反抗していた親のようになることも多いのですが、何の手がかりもないところで自分の進むべき道を見つけようとするときに、親への反抗が具体的な手がかりになってくれます。

思春期の課題に向き合うのに、親への反抗はとても重要で、これも思春期にしなければならない仕事のひとつです。

結論は出ないけど

学校の仕事はとりあえず学校に行っている間に具体的な結果が出るのに対して、思春期の本当の仕事は少なくとも思春期の間には結果が見えないのが悩ましいところです。この違いはとても重要です。思春期の課題に一生懸命に向き合っても答えが見つからず、「ほかでもない自分」に到達できなかったとしても、それは努力が足らなかったためではなく、そもそも答えられない課題であり、そのかわりに、迷い、悩み、不安は思春期をとおして続きます。

人間として成長するためには努力が必要ですが、努力が常に結果につながるとはかぎりません。勉強やスポーツの世界では、努力は必ず結果につながると信じられ、結果が出なければ努力が足らなかったことにされますが、実際にはそんな単純なものではありません。努力をしても結果が出ないことはあるし、その逆もあります。結果だけで自分を評価することはとても危険です。

答えの出ない難問に向き合う思春期には、どうやっても不安から逃れることはできません。将来の見通しが立たないことに加えて、現在の自分自身も不確かな思春期は、ただでさえ心穏やかではいられません。不安は、たとえばテストの結果を心配するような具体的なものではなく、もっと漠然《ばくぜん》とした、なんとなく気持ちが落ち着かない状態で、はっきりとした理由がわからず、とらえどころがないところがくせ者です。

新たな世界への一歩は、ワクワクするような発見や感動を期待する反面、未知の世界への不安にさいなまれる悩ましさがあります。不安が強くなると、集中できなくなったり、息苦しくなったり、気を失いそうになることもあり、とても苦しい経験をします。こんな不安な日々を過ごすくらいなら、もうどうなってもいいからすべてを投げ出したくなることもあると思います。

でも思春期の仕事は結論を出すことではなく、迷い、悩み、不安を経験することです。こんなことをしていてもぜんぜん前に進まないと思うかもしれませんが、この作業をやめてしまえばいつまでたっても子どもから脱却できません。思春期の苦しい経験を受け入れることで、子どもの生き方と決別して、大人として生きていく覚悟ができていきます。これが大人になるモチベーションです。思春期の仕事を放棄してしまえば、そこから先には進めません。

しかし、この大変な仕事には必ず終わりはあるので安心してください。すでに説明したように、思春期というトンネルには必ず出口があります。一歩ずつ歩を進めて行けば思春期の仕事は終わります。

第8章　自分探し

自分探しの迷宮

思春期の目標である「自己決定」「責任感」「自信」の先にあるのは「ほかでもない自分」であり、それは世界でひとつだけの唯一無二《ゆいいつむに》の存在、つまり自分自身です。あこがれの人のようになりたいと思っても、あこがれの人のコピー人間になろうとしているのではなく、あくまでも自分は自分です。しかし、実際には思春期に「ほかでもない自分」に到達することは難しく、迷い、悩み、不安ばかりが重くのしかかってきます。

まだ自分が何をしたいのか、何ができるのかがはっきりしないけれども、自分の意志で行動しようとする思春期の自分自身は、とても不安定で不確かです。昨日の自分と今日の自分がまったく違うかもしれません。高校生にもなれば、興味のあることや、得意なことと苦手なことが急に変わることはないかもしれませんが、自分の将来についてはけっこう大きく揺れ動くこともあります。進学する人の志望校は、現実的には受験科目や偏差値によって選択肢が限られて、希望だけでは選べないとしても、土壇場《どたんば》のどんでん返しのような進路の変更もよくあります。

進学者が増えてきた現在では、高校卒業後の進路によって具体的な自分が見えてくるような気がしてきます。とくに医療系の学部のように、進路がそのまま資格につながり、将来の職業まで見通せると、ひとまず自分の不確かさから解放されます。ただし、受験という関門があるので、不安が消えるわけではありません。専門学校に進学する場合も具体的な職業との関連が深いので、やはり将来の自分の姿がイメージできて安心できるかもしれませんが、この場合も希望どおりの就職につながる保証はありません。

高校生にとって進路を決めることは差し迫った問題なので、はっきりした方向性が見つけられなくても、とにかく決めなければなりません。自分に合った将来を見つけるためには、自分をもっと理解しなければ判断のしようがありませんが、それを考えてもなかなか自分が見えず、あるのは迷い、悩み、不安ばかりで、思考は堂々めぐりに陥《おちい》ります。自分探しをすればするほど、迷宮の奥深くに迷い込んでしまい、ますます苦しくなります。

自分探しの迷宮に迷い込んでも、「本当の自分」さえ見つかればすっきりと不安も解消すると思うかもしれません。たしかにそれは理屈の上ではもっとも正しい解決法ですが、ただでさえ曖昧模糊《あいまいもこ》とした自分をいくら見つめても答えは見つからず、時間だけがいたずらに流れて、気がつけば自分だけが取り残されたような状況になってしまいかねません。正解を求める努力も大切ですが、思春期の時間は無限ではないことも忘れてはなりません。

自分探しだけに没頭《ぼっとう》するよりも、今この時間を生きて前に進んで行くことも大切です。「本当の自分」という大きな課題に対して、どう折り合いをつけるかがポイントになります。

とらえどころがない自分

思春期にはいろんな自分を試しながら自分探しの旅が続きます。自分の意志で行動するようになると、今までしてきたことは自分の意志でやっていたわけではなく、親や先生に言われて「やらされていた」という感じになって、今していることに違和感を持つことがあります。自分が本当にしたいことは別にあるに違いないと思うものの、じゃあ何がしたいのかと自問しても答えられず、もどかしくなります。

自分のことは自分がいちばんわかっているはずですが、あらためて自分はどんな人間なのかと考えてみてもよくわかりません。そんなこと気にしていないときにはどうでもよかったのに、気になりだすと無性《むしょう》に気になります。誰かにきくわけにもいかないので、自分の中で悩みは深まります。今の自分が本当の自分ではないとすれば、じゃあ本当の自分とは何なのだろうかと考え込んでしまいます。

自分ではわからないのなら、他の人からどう見られているのかが、自分を知る手がかりになります。だから自分探しを始めると、急に他者からの評価が気になってくるものです。でも、会う人みんなに自分のことをどう思うかを直接きいてみることなんてできません。差しさわりのないことはきけたとしても、肝心なところは怖くてきけません。だから、自分で勝手に憶測《おくそく》して、たいていはあまり良い評価を期待しないものです。他者の視線やちょっとしたしぐさも気になって疑心暗鬼《ぎしんあんき》になり、対人場面での緊張感と不安が高まります。思春期は自分というものにもっとも過敏になる時期で、迷いと悩みは深まるばかりです。

いちばん悩ましいのは、どんな自分が良いのかが自分でもわからないことです。良い悪いの判断基準が自分の中にないとすれば、どんなに試行錯誤《しこうさくご》して、いろんな自分を試してみても、これだという正解にたどり着くことはできません。他者がどんなに良いと褒《ほ》めてくれても、それが本当の自分だと納得できるわけでもありません。「これじゃない」という思いが頭の中から消えることはなく、モヤモヤした日々が続きます。「本当の自分」があるに違いないのに、それがなかなか見えてきません。

自分らしさ

「本当の自分」を探し求める日々では、その前提となる少し具体的な自己イメージとして、日常生活の中で「自分らしさ」をとても意識するようになります。「本当の自分」はなかなか具体的に見えてくるものではないので、「自分らしさ」は他の人との違いとして意識するしかありません。他の人と同じでは「自分らしさ」がないので、何か自分を他者と区別できるものを見つけなければなりません。

思春期になるころまでに、一人ひとりの個性ははっきりしてくるので、得意なことや苦手なこと、考え方や行動まで、同じ年齢、同じ性別でも、多様性が大きくなってきます。そこに「自分らしさ」を見つけることはそんなに難しいことではありませんが、他者との違いを意識することは良いことばかりではありません。

個性は他者との違いによって成立しますが、他の人と違うことで不安を感じることにもなります。独自性（ユニークさ）はまさに「自分らしさ」ですが、自分だけが違うという点では「逸脱《いつだつ》」と受け止められる可能性があります。みんなと違うことで優越感を持つこともあれば、一人だけ違うことで浮いてしまうことが心配になることもあります。「自分らしさ」を意識すれば常に他者の目がとても気になり、自分だけでは完結しません。

「自分らしさ」は思春期にもっとも強く意識されるようになりますが、とりわけ同じ年齢の同級生に囲まれた学校生活では、みんなが「自分らしさ」に敏感になっているので、いつも他の人が気になるし、自分がどう見られているのかが気になって、漠然《ばくぜん》とした緊張感の中で毎日を過ごさなければなりません。

みんなと同じようにすること（没《ぼっ》個性）で安心できたとしても、そうなると自分らしさが見えなくなってしまいます。強烈な個性で自分らしさをアピールすれば、目立ちすぎてひんしゅくを買ったり、集団から排除されたりする危険もあります。無難に切り抜けるためには、目立ちすぎないように、わざと自分の能力を隠したり、できないふりをしたりすることさえあります。「自分らしさ」はとくに学校では扱いにくい代物《しろもの》です。

自分を他の人と比較して、自分ができないことや劣っていることを意識すると、とても強いコンプレックスを抱《いだ》きがちです。「みんなは○○なのに、自分だけ××」ということはよくあります。自分で望ましく思わない個性は、集団の中に存在することを苦しくします。

コンプレックスを抱えている人は、せめて「ふつう」になりたいだけで、誰もがうらやむような人になりたいと思っているわけではありません。ただ、気をつけなければならないのは、「ふつう」というのは「平均」ではないということです。一人ひとりの「ふつう」はとても主観的なもので、勝手な思い込みがほとんどです。自分にないものを他の人はみんな持っていると思い込んで、それを持っているのが「ふつう」になってしまいます。そんな

「ふつう」がさらに自分を追い込むことになります。

「ふつう」でいることでひとまず安心はできますが、それでは「自分らしさ」が見えず、思春期の不安は強まります。たしかに、「自分らしさ」は将来の希望や可能性につながるものであってほしいものですが、その一方で、できないことや苦手なことも含めた「自分らしさ」にも向き合わざるをえません。しかし、それは考えてみれば当たり前のことで、万能な人はいません。つまり、「本当の自分」の探求は、可能性を広げていくだけではなく、できないことも受け止めながら、自分の生き方を絞り込んでいくことでもあるのです。

変わりたい、でも変わりたくない

「自分らしさ」を意識することの反動として、さまざまなコンプレックスを感じることになり、自信が持てないばかりか、自己否定や自己嫌悪《じこけんお》に陥りやすくなります。べつに「ふつう」でいいと思っても、自分の思い込みが「ふつう」のハードルを上げてしまうので、「ふつう」でさえもプレッシャーになります。こんなダメな自分とは決別して生まれ変わりたいと思うことさえあります。

その一方で、自分を見捨てたくない、今の自分が良いと思う気持ちもあります。自分で自分を全否定してしまったら、もう生きていくことはできません。はっきりした長所がなくても、コンプレックスだらけでも、自己否定に抵抗すれば「こんな自分だけど、でもやっぱりこれが自分だ」と思うようになり、さらには「変わりたくない」という気持ちが強まります。

変わりたい、でも変わりたくない――思春期にはこんな自己否定と自己肯定のせめぎ合いが続きます。人によって「変わりたい派」と「変わりたくない派」に分かれますが、時に応じて入れ替わったりすることもあり、どちらかにはっきり分かれるわけではありません。むしろ自分の中で両方が共存していることも珍しくありません。

変わりたい派の人たちは、コンプレックスを強く意識して、今の自分とはまったく違う自分に変身したいと思っています。その発想の根底には、ものごとをシロかクロかはっきりさせようとする考え方の特徴があります。いうまでもなく、世の中の出来事、ましてや自分自身はシロかクロかで表せるような単純なものではありません。自分のある一面だけで全否定するのはあまりにも不合理ですが、思春期のコンプレックスはそんな過激な発想の暴走を止めることができません。

変わりたくない派の人たちは、ダメなこととやうまくいかないこともたくさんあるし、不安な日々を送っていることは同じでも、何か自分の中に「捨てたものでもない」という気持ちがあります。あまりにも自己肯定が強いと「ナルシスト」と敬遠されるかもしれませんが、将来の可能性への期待も含めた自己肯定感はとても重要です。ただ、まだ「本当の自分」が見えているわけではないので、変わりたくないと思っても今の自分に満足しているとはかぎりません。

変わりたい派と変わりたくない派とでは、自分についての認識が大きく違いますが、結局はどちらも「本当の自分」探しのまっただ中にいることは同じです。変わりたい派は、今の自分の中には「本当の自分」は見つからないので、自分を変えることで「本当の自分」を作り出そうともがいているのに対して、変わりたくない派は、まだ「本当の自分」は見えないけれども、きっと自分の中にあるに違いないと信じて、それを見つけようとしているのかもしれません。

どちらにしても、「本当の自分」はなかなか見つかるものではないので、自分を変えても変えなくても自分が見つかるかどうかはわかりません。大切なことは、とりあえず前に進むことです。とくに、変わりたい派はともすれば今の自分を全否定してしまいがちですが、過去にとらわれるのではなく、これからどう生きていくかに焦点《しょうてん》をあてることが大切です。

とりあえずの自分

自分探しの迷宮に迷い込み、いつまでたっても「本当の自分」が見つからなくても、そこで立ち止まっているわけにはいきません。一歩一歩でも前に進んで行かなければ、思春期のトンネルから出ることはできず、永遠に子どものままでとどまり、ますます迷いは深まってにっちもさっちもいかなくなってしまいます。思春期に自分を見つめることは重要ですが、そこにばかりこだわることは現実的ではありません。

毎日の生活では、なかなか簡単に決められない問題が次から次へと現れますが、一つひとつ自分で決めなければ進んで行けません。たとえば、どの服を着ていくかが決まらないからといって出かけるのをやめるわけにはいきません。とりあえず何でもいいから着て行かなければなりません。たとえ暫定的《ざんてい》な仮の自分であったとしても、とりあえずの自分がなければ今を生きることとさえできないのです。

自分をどのように意識したとしても、とりあえずの自分には納得はできないでしょう。どんな自分であっても本当の自分ではないという違和感はぬぐい去ることはできず、気持ちがすっきりすることはないと思います。しばらくは辛抱《しんぼう》できても、やがてまた別の自分を試してみたくなり、自分でも一貫性がなくて無責任に思うかもしれません。だからといって、無理に自分を決めつけても長続きはしないでしょう。

とりあえずの自分で生きているのは、座り心地の悪い椅子《いす》に座っているようなもので、どんな座り方をしても落ち着きません。お尻の位置をずらしたり、姿勢を変えたりしてみても、変なところに力が入って疲れてしまいます。ベストな座り心地を求めて試行錯誤を続けても、そもそも椅子が不安定であれば、どうやってもフィットすることはありません。それでも思春期の間はこれでしのぐしかありません。

でも、この不安定な椅子も悪いことばかりではありません。自分がはっきりしてないからこそ、いろんな自分を試すことができるのは思春期の特権でもあります。大人になってしまえば、そもそもそんなめんどくさいことをしようとはしなくなり、たとえ自分の現状に満足できなくても文句を言いながら生きていくしかありません。

リアルな人生ではロールプレイングゲームのようにいろんなキャラクターになることはできませんが、「本当の自分」を探し求める思春期は、いろんな自分を試すことで可能性を広げる絶好の機会でもあります。

やっぱり結論は出ない

思春期のもっとも大きな課題が「ほかでもない自分」に到達することであったとしても、それが思春期のうちには達成できないのは、そもそも思春期は大人になる前の段階であり、それ自体が途中経過だからです。つまり、人間の成長としては思春期に完成することはなく、思春期の段階での結果はすべて途中経過ということです。ここからさらに人間としての完成を目指すので、たとえどんな立派な成果を出しても、それで終わりにはならないのが思春期です。

不確かで頼りない自分を見るにつけ、同じ高校生でもまわりの人たちはずっとしっかりとした自分があるように思われて、ますます自分にひけめを感じたりします。頭が良くてかっこいい人もいれば、なかにはすばらしい結果を出して注目される「スーパー高校生」のような人もいます。「本当の自分」が見つからずに悶々《もんもん》としている自分は、どんどん取り残されていくように思えて、ますます自信を失い、孤立感に襲われることさえあります。でも、どんな立派でかっこいい高校生がいたとしても、それも途中経過であることには変わりがありません。最終的な自分ができあがるまでの「中間産物」であり、それで人生が決まるわけではありません。

とらえどころのない自分に不安や焦《あせ》りを感じて、急いで「本当の自分」を見つけようとしても、いつまでたっても見つからずに途方に暮れてしまいます。でも、それは努力が足らないわけではなく、能力がないわけでもありません。そもそも「本当の自分」があるとすれば、それは大人になってから見えてくるものであり、まだ高校生の段階では具体的な形がないからです。ないものを見つけようとしても見つかるはずはありません。これから作り上げていくものであり、すべてはこれからです。

結論としての「本当の自分」は見つからないものの、それでも「本当の自分」を追い求めるのは思春期の重要な仕事です。それは結果を出すための仕事ではなく、そこを目指して迷いながら試行錯誤すること自体が仕事なのです。だからやっぱり思春期は迷い、悩み、不安からは逃れられません。どんなに苦しくても、無理やり結果を出して思春期を少しでも早く切り上げるわけにもいきません。この不確かで苦しい期間をいかに過ごすか、つまりどう生きるのかが課題になります。

第9章　出会いと経験

自律と依存

思春期の課題といえば、多くの人たちは「自立」ということを言います。親に甘えて依存していた子どもから脱して、親を頼らないで自分の力で生きる自立が求められるようになります。社会的にも、高校は義務教育ではないので、中学校を卒業して就職し、経済的にも自立して完全に独《ひと》り立ちするというのは、けっして荒唐《こうとう》無稽《むけい》なことでもありません。そうはいっても、現実的には15歳での自立が厳しいことは間違いありません。

すでに繰り返し説明してきたように、思春期の間に「ほかでもない自分」に到達することができないのと同じように、自立することもできません。というよりも、そもそも人間は一人だけでは生きていけないので、思春期はおろか大人になっても完全な自立は不可能といってもいいかもしれません。私たちは誰かの力を借りることなくして存在できません。だから、思春期は自立を目指すことよりも、むしろ自分だけではできないことを認識して、必要な手助けを求めていけるようになることのほうが重要になります。

思春期の間に自立することは難しいとわかったとしても、他人に頼るのは「甘え」とか「依存」ということで受け入れにくいかもしれません。高校生になっても大人に頼っているようでは、いつまでも未熟な子どものままでいるような感じがして、自尊心が傷つくかもしれません。「もう子どもじゃない」というプライドが無理な自立につながって、孤立無援になってしまうこともあります。

依存しているかぎり自立はないと思うかもしれませんが、依存と自立は正反対の対立する概念ではなく、お互いに共存することができるものです。誰かに依存しながらでも自立を目指すことは可能です。もう少し正確にいえば、「自立」ではなく「自律」です。自立はまさに他者の援助や支配を受けずに自分だけでやっていくことであるのに対して、自律は自分自身の規範に従って行動できるようになることで、それは自己決定、責任感、自信という思春期の課題そのものです。

むやみやたらと自立を目指すことで、必要な手助けや支援を失って自律が損なわれることがないように注意しなければなりません。

複雑な生態系

第3章で紹介したように、私たちのまわりにはいろんな人がいて、さまざまな人間関係があります。あまり人付き合いがないと思っている人でも、一人の人間が存在しているところには、多くの人が関与しています。たとえば、友だちが一人もいないと思っている人でも、家には家族がいて、学校には同じ教室で過ごすクラスメートがいて、授業をする先生がいて、ほとんど話すことはないかもしれませんが校長先生もけっして無関係ではありません。私たちはいろんな程度や性質の人間関係を含んだ生態系の中で生きています。しかし、実際の日常生活では、かかわる人はごく一部で、それ以外の人たちは無視しているわけではないにしても、ほとんど相手にせずに過ごしています。

この生態系の中心は自分です。自分を中心にして世界が回っているという天動説のような認識は、あまりにも自己中心的でわがままな感じがするかもしれませんが、一人ひとりが主体性を持って生きているとすれば、自分自身が世界の中心にいることになります。他者との関係は、自分を基準にして近いか遠いか、濃いか薄いか、どんな役割を期待するのかで決まり、自分自身の振る舞い方も変わってきます。友だちには気兼《きが》ねなくタメ口で話せても、先輩には敬語を使うのも、自分を中心にした関係性によって決まることです。

誰かに頼らなければならないような問題に直面したときには、この生態系の中からもっとも適任の人を選ぶのが合理的ですが、そうはいってでも誰にでも気軽にお願いできるものではありません。ましてや口をきいたこともない人に、いきなり頼みごとなんかできるわけがありません。結局のところ、ふだんから一緒に行動している友だちに頼って、頼りない者同士でさらに悩みが深まることになりかねません。

思春期の迷い、悩み、不安は、一人だけでは持ちこたえられないので誰かに相談したいと思う一方で、親とは距離を置くようになるので親には頼ることができず、どうしても友だちへの依存が強くなりがちです。人に頼らなければならない場面は増えても、実際に頼るのは簡単なことではありません。とくに、大人に頼るのは抵抗感が強いかもしれません。

友だちの功罪

思春期の生態系では、とくに友だち関係はとても重要であると同時に、とても悩ましく、そのことで勉強も手につかなくなることもよくあります。仲の良い、信頼できる友だちがいることは、それ自体とても楽しいことであり、一緒にいることで安心感が得られます。ただでさえ不安が高まる思春期には、友だちが与えてくれる安心感はとても貴重です。たとえ、迷いや悩みは解決しなくても、友だちがいることで不安が軽くなるとすれば、それは大きな支えになります。

思春期の友だち関係は、ただ癒《いや》しを求めるだけのものではなく、自分の存在にとってとても大きな意味を持つ、特別な関係でもあります。一緒に遊んだり行動したりするという意味での友だちもありますが、もっと深く強いつながりを持つ友だち、すなわち親友の存在は、お互いが大きな影響を及ぼし合うことで、これからの生き方を左右するほどの意味がありま す。そんな親友を持つことも、思春期の重要な仕事といえます。同時に、思春期を生きるためのとても重要な要素でもあります。

その一方で、友だち関係は学校生活での大きなプレッシャーになることもあります。いろんなタイプの生徒が一緒に過ごす教室では、一人だけでいることはとても不安を高めます。1人か2人でも友だちがいれば、孤立感や圧迫感から逃れることができるので、とりあえず一緒にいてくれる「友だち」があればと思います。ゲームでも音楽でも、何か共通の興味があれば友だち関係は成立しますが、それでも友だちが見つからないと教室の居心地はかなり窮屈《きゅうくつ》になってしまいます。

学校生活には友だちがいるのが「ふつう」という常識がはびこっていますが、友だちはけっして必須とはかぎりません。たしかに、同じ年齢の生徒が40人も一緒にいる教室では、一人だけでいるのは心細く、ときには恐怖心さえ抱《いだ》くこともあります。しかし、それから逃れるためだけに無理やり「友だち」になって孤立の不安からは逃れられたとしても、安心感までなかなか得られません。やみくもに自分の悩みごとを打ち明ければ、自分の弱みを見せることになって、かえって不安を高めることになりかねません。

一口に「友だち」といってもさまざまで、一概に良《よ》し悪《あ》しを語ることはできません。味方だと思っていた友だちが、ある日突然敵になることもあり、友だち関係に振り回されることもあります。とても身近な人間関係であると同時に、とても不安定な人間関係でもあるのが友だち関係の特徴です。

自分の世界

複雑な生態系の中で生き抜いていくときには、ともすればまわりの人たちに合わせることで、自分らしさを見失ってしまうこともあります。他者の目を気にして、自分がどう見られているか心配していると、本当の自分がわからなくなってしまいます。自分の価値観よりも、他者の基準、あるいは「ふつう」と比較することで、自分の存在が相対的なものになり、より良い自分を求めて「変わりたい派」にならざるをえません。

しかし、思春期の生態系は自分を中心とした天動説でなければなりません。自分は自分であって、他者のための存在ではありません。太陽系にたとえれば、地球や火星のような太陽のまわりを回る惑星ではなく、太陽そのものです。他者を基準にした相対的な存在ではなく、自分自身が基準になる絶対的な存在でなければなりません。いろんな人と一緒に生きていきながらも、自分の世界を作ることをあきらめたくはありません。そんな自分の世界への期待があれば、きっと「変わりたくない派」になることでしょう。

自分の世界を作るといっても、まだ自分がはっきりしていない段階では、簡単なことではありません。というか、そもそも自分がわからなければ、自分の世界なんかできるはずがありません。でも、ここで必要なのは決定版の自分の世界ではなく、とりあえず現時点での自分の世界、つまり暫定版《ざんていばん》でかまいません。まだまだこれからいろんな人の影響を受けたり、自分自身が経験を重ねたりしていくことで、自分の世界も変わっていくものなので、急いで決定版を作り上げることはありません。

だから、自分の世界を守るためにバリアを張って、他の人に邪魔されないようにする必要もありません。また、自分の世界に閉じこもって、他者との交流を避ける必要もありません。思春期の自分の世界は強固な塀《へい》で囲われた要塞《ようさい》ではなく、もっと緩《ゆる》やかな境界で区切られたもので、他者の侵入を拒むものであるべきではありません。それどころか、積極的に他者と交流することで、新たな世界を見つけていくことができるものであるべきです。

自分らしさを追い求めたくても、集団の中で自分だけが違うことを考えたり別のことに興味を持ったりするのは勇気がいります。「こんなこと考えているのは自分だけだ」と思い込めば、集団の中で自分を出すことが億劫《おっくう》になり、そんな自分の世界に自信がなくなります。そうはいっても、まわりの人たちの話題に合わせていくのも苦しく、自分の居場所が見つからずに息の詰まるような日々になってしまいます。

他者とは違う自分を認めていくためには、まず他者の多様性を認めていくことがコツです。まわりの人たちをあらためてよく見てみると、一人ひとり違っていて、けっして「ふつう」ではないことに気づきます。当たり前のことですが、誰一人同じ人間はいないので、みんな違っていていいわけです。自分だけが違うのではなく、みんな違っていると気づくことで、自分の世界を認めやすくなります。

親への依存

思春期の友だち関係はなにかと大変ですが、親との関係もけっこう微妙で悩ましいところがあります。友だち同士のような親子もあれば、必要最低限の会話しかないような親子もあります。なかには、親の顔も見たくないと毛嫌いする人もいたりします。もっとも近い人間関係でありながら、どう付き合っていくとよいのかとても悩ましいのが親子関係です。

思春期の生態系の中では家庭は特別なエリアで、世間のルールとは別の治外法権《ちがいほうけん》のようなところがあります。家庭の内と外では言葉遣《づか》いや態度が違ったり、家では許されても外では許されないこと、あるいはその反対もあります。気兼ねしないでくつろぐことができる反面、ものわかりの悪い親との付き合いにはストレスもあります。

もちろん、まったくストレスのない快適な家庭や親子関係はありません。ましてや親子の緊張が高まる思春期には家庭は穏やかであるはずがありません。言い争うことはなくても無言のプレッシャーが親子関係には存在します。そうはいっても、家庭は生活の基盤であり、家族は生きていくためのもっとも大切な拠《よ》りどころであることは間違いありません。まだ大人になっていない思春期には、どんなに親に反発したとしても、親の世話を受けていることには変わりはありません。つまり、親への依存は思春期になっても確実に必要なのです。

世話を受けているからといって卑屈《ひくつ》になることはありません。親のスネかじりの分際《ぶんざい》で親に文句を言うものではないと、親の顔色をうかがいながら思春期を過ごしていては、自分の世界など見えてきません。親に食べさせてもらっているかぎり自立にはほど遠かったとしても、自律を目指すことをやめるわけにはいきません。親の価値観や期待に縛《しば》られずに自分で考えて行動する努力を続けなければなりません。世話は受けながらも自分の世界はしっかりと持つことが課題です。

どんなに親と対立したとしても、厚顔無恥《こうがんむち》、厚かましく親に依存することをやめてはいけません。帰るべき場所を失うことは、新たな世界へのチャレンジの可能性を狭《せば》めます。失敗しても戻れる場所として、親への依存はとても大切です。激しく対立しても、しばらくしたらケロッと忘れて依存しても大丈夫です。家庭は特別区なので、世間の建て前に縛られることはありません。

親以外の大人

親への依存が必要であることは頭では理解できたとしても、なかなか素直に親には頼れないところもあります。親に世話になるなら親の言うとおりにしなければならない圧迫感があったり、自分の足で歩き出す意気込みが損なわれたり、プライドが傷ついたりするかもしれません。現実的には、親に頼っていることは確かですが、それを直視して認めたくない気持ちがあるのも事実です。

親には頼りたくないという気持ちが強くなれば、そのぶん友だちを頼りにすることが多くなります。実際に、親には言えないようなことでも友だちには相談できることはよくあります。頭の固い親にはわかってもらえないけれども、友だちにならわかってもらえることを期待しがちです。相談できる友だちがいることは、とても心強いことではありますが、友だちに頼りきってしまうことはできません。頼る人は自分よりも力があることが絶対条件なので、まだそこまでの力がない友だちに頼ってとりあえずの不安は軽くなったとしても、安心するところまではいかないでしょう。

やはり不確かな思春期に頼るべきはしっかりした大人です。そうはいっても、自分のまわりを見回しても、頼りにできる大人なんてどこにいるのかと思うかもしれません。思春期になっても日中のほとんどの時間を学校で過ごしているので、地域の大人と触れ合う機会はとても少なく、日常的に接する大人は親か学校の先生くらいで、頼ろうと思っても頼る人を見つけるのは簡単ではないでしょう。

そうかといって、街をぶらぶら歩き回って、行きずりの大人に頼るわけにもいきません。結局のところ、ふつうの高校生活を送っている高校生にとって、もっとも身近な親以外の大人といえば高校の先生ということになってしまいます。しかし、先生であれば誰でもいいわけではありません。信頼の度合いはかなり幅がありますが、学校にはいろんなキャラクターの先生がいるので、まずは相性の良さそうな先生を見つけて頼ってみるのもいいでしょう。大切なのは非公式な関係、つまり授業以外での先生とのつながりです。休み時間や放課後の交流はとても重要な支えになる可能性があります。

高校生には、大学生から20代前半くらいの大人がとても重要な存在になることがあります。世間的にはまだ大人と承認されるほどの年齢ではないかもしれませんが、高校生から見れば十分に大人です。ちょっと前に思春期を乗り越えた先輩は、友だちよりははるかに頼れる存在として、とても重要です。

あえて世話になる

自分はほかでもない自分であって、誰かのための存在ではないので、自分で作り上げていくものと考えるのは自然ですが、まったく何もないところから自分を作り上げていくのは並《なみ》大抵《たいてい》のことではありません。それが思春期の迷いになり、悩みになることは、ここまでに繰り返し説明してきました。唯一無二《ゆいいつむに》の存在、オリジナルの自分を作ろうとすれば、誰からも影響を受けず、ましてや人の手助けを受けるなんて考えられません。創造的な作業は孤独な闘いです。

自分らしさや本当にしたいことは、一人だけで考えていてもなかなか浮かんでこないものです。でも、あらためて今までの人生を振り返ってみると、これまでもいろんな人との出会いや偶然が大きな影響を及ぼしていたのに気づきます。結局のところ、私たちはいろんな人の影響を受けて成長し、そこから自分らしさができあがってきているのです。自分探しをしようとすれば、それまで以上に人に興味を持つことになるのは当然です。とくに、これから大人の世界に向かって行く思春期には、大人に興味を持つことはとても大切です。自分を作るためには、自分を知ることが必要になります。思春期の成長は、可能性を広げていくのと同時に、できないことも認めていくことで、個性がはっきりしてきます。できることで貢献すると同時に、できないことは誰かに頼らなければなりません。適切な人にきちんと世話になれるようにすることも、大人になるためには必要です。意地を張らずに人に頼ることはかっこ悪いことではありません。

さらに、人の世話になることは、自分を知ることに役立ちます。人にしてもらって嬉《うれ》しかったことから、どんなことをすれば人に喜んでもらえるのかがわかるようになります。人に優しくされることで、優しさを知ります。自分を作ろうとして自分に向き合っている今こそ、あえて大人に世話になることで、自分が何をすべきかを考えるとても貴重なヒントが得られるに違いありません。自分だけで完結することにこだわらず、積極的に大人に頼ることで活路が見いだせることでしょう。

第10章　今を生きる

思春期を楽しむ

迷い、悩み、不安から解放されず、それでいて自分探しの結論も出ないとすれば、思春期は苦しいことばかりの暗黒の時代ということになってしまいます。そうだとすれば、できればこの時期をパスしたいと思うのも無理はありません。もちろん、子どもから大人になっていく成長過程として、思春期をパスすることはできませんが、思春期的な発想を封印してこの時期を過ごすことはありえます。

働きながら学ぶ人、働いているわけではないけれども競技者としてスポーツをしている人や、芸術や芸能活動をしている人などは、自分探しなどをしているヒマはないので、思春期の迷い、悩み、不安と付き合っていられません。進学校で受験勉強に明け暮れている人も、悩み出したら勉強に集中できなくなるので、思春期の課題は後回しにせざるをえません。わけのわからないことで悩んでいるよりも、現実的かつ具体的な目的のために努力しているほうがわかりやすいかもしれませんが、けっして楽な生き方をしているわけではないので、やっぱりこの時期が苦しいことには変わりありません。

悩んでも答えの出ない難題に向き合うのはごめんだと思うのも当然ですが、逆に、いくら考えても答えが出ないものだとすれば、急いで答えを出す必要がないと思うと楽になります。受験勉強のように、誰よりも早く正解し、いちばん良い点を取ろうとして競争的になる必要はありません。答えが出ずにモヤモヤした時間を過ごすのはしんどいかもしれませんが、思春期を生きていくうちにそれなりに折り合いがついていくので、焦《あせ》ることはありません。

思春期の課題の答えは一人で考え込んでいるだけでは見つかりません。だとすれば、出会いと経験を重ねながら、自分の殻《から》を破って外の世界に飛び出して視野を広げていくしかありません。それは、将来のために何もかも我慢《がまん》する修行《しゅぎょう》のような生活ではなく、毎日新たな発見と感動を楽しむことです。とはいっても、不安から解放されることはありませんが、いろんな自分を試しながら思春期を楽しむこともとても大切です。

まぶしい青春時代

思春期の出会いと経験はとても新鮮で、若い心を揺さぶり、それまでの常識や価値観をひっくり返すほどに強烈なインパクトがあります。親や学校の先生が作った枠組みから飛び出してみると、今までの生き方がとても窮屈《きゅうくつ》で抑圧されたものに見えて、もうそこには戻れない、戻りたくないと思います。そこには将来の心配なんかしないで、今を力いっぱい生きるまぶしさがあります。そんなエネルギーに満ちた若い時代は青春時代と表現されます。言葉としての「青春時代」は思春期と同じ意味ですが、思春期には重苦しい苦悩が伴うイメージがあるのに対して、青春時代には楽しいことばかりではないにしても、悲喜こもごもの感情にあふれたまぶしさが感じられます。文学、映画、音楽などで、思春期の苦悩も青春として描けば、すばらしい感動物語になります。

青春時代に象徴される思春期のテーマは、抑圧からの解放です。少し過激な言い方をすれば反乱、革命です。実際に、かつて1960年代の終わりに日本各地の進学校の生徒たちが、学校や社会に激しく異を唱えて、卒業式を妨害したり、学校をバリケードで封鎖したりした高校紛争が起きました。それはまさに反乱であり革命でした。そこまでの大規模な反乱にまでならなくても、一人ひとりのプチ革命は今でもきっと起きているに違いありません。そこから新たな自分や人間関係が創造されていくことが、青春時代の醍醐味《だいごみ》です。

感動や湧《わ》き上がる感情は、それ自体が何かの役に立つものではないので、どうでもいいといえばそうかもしれません。映画や音楽に夢中になっているヒマがあったら一つでも英単語を覚えているほうが自分のためになると思うかもしれませんが、自分自身の体験に由来する感動はとても大切です。大人になってしまうと感受性が鈍《にぶ》くなって感動しにくくなりますが、思春期の感動は成長に欠かせない栄養といってもいいくらい大切なものです。

青春の感動は人生の宝物になったとしても、基本的にはその場かぎりのもので、ずっとその感動が続くわけではありません。そんなふうに考えたらはかなくなりますが、だからこそ今の時間をしっかりと生きていくことが大切です。

非効率な思春期

そんなことして何になる？──でも、そんなことをするのが思春期です。何もしないところに発見はありません。好奇心に動かされて興味を持つだけでなく、学校の課題で嫌々《いやいや》したことでも、とにかくいろんな経験から発見や学びが生まれます。でも、何かをすれば必ず成果があるとはかぎりません。時間の無駄、期待はずれ、さらには損をしたような気持ちになることもあるかもしれません。

思春期の努力は結果に直接結びつかないことがたくさんあります。生きていくのには役立ちそうもない難しい数学なんか意味がないと言えば、先生は「今はそう思っても、きっと将来やっておいて良かったと思うぞ」とわけのわからない説得をすることでしょう。たしかに、ひょっとすると高校の授業で学んだことが役立つことがあるかもしれませんが、いつ何の役に立つかわからないことをしているとしたら、それはとても効率の悪い作業といわざるをえません。

もともと思春期は結果の出ない自分探しをしているので、効率の悪さから逃れることはできません。それでも時期がくればそれなりに折り合いがついて思春期の自分探しは終わりますが、それまでの間はあてどなくさまよう日々を過ごすことになります。そんな生活は、親からはダラダラしているとケチをつけられ、先生からは「やる気あるのか！」と喝《かつ》を入れられるかもしれませんが、ただボーッと生きているわけではなく、それなりに一生懸命生きているので、素直に大人の忠告を受け入れることはできません。

そんな非効率な思春期の生活の中で、受験勉強には効率的な生産性が求められます。限られた時間の中で最大限の努力をして結果を出さなければなりません。非効率な自分探しなんかやめて、受験勉強に全力を注ぐのが高校生の本分と思われるかもしれませんが、大学受験は思春期の課題そのものではありません。さしあたっての重要課題であることは確かですが、受験はあくまでも受験であって、それが思春期のすべてではないことに注意する必要があります。

だから、思春期の課題を受験や学力だけに集約して、それ以外のことは無駄として切り捨ててしまうわけにはいきません。もっとも、そこまで勉強だけに没頭《ぼっとう》できる人もそんなにいないと思いますが、勉強の妨《さまた》げになる邪念はいくら振り払おうとしても消えないのも思春期の宿命とあきらめて付き合うしかありません。

思春期の学び

受験がすべてではないといっても学習が否定されるわけではありません。それどころか、大人になる前の時期である思春期は学びの期間としてとても重要です。大人として成熟し、社会に適応していくために学ぶべきことはたくさんあるはずです。子どもはみんな学校で学習しますが、あくまでも学校教育は学びの一部にすぎず、それがすべてではありません。思春期の学びは教科書の中だけに納まるものではなく、すべての出会いと経験にとても貴重な学びがあります。

小さい子どもはまるでスポンジが水を吸うように、どんどん知識を吸収していくので、それほど努力や苦労をしないでいろんなことを覚えていくことができます。しかし、思春期になるとそうはいかず、理屈抜きの丸暗記はだんだん苦手になってきます。さらに、一人ひとりの個性が出てきて、好みや関心がはっきりしてくると、興味のないことには学習意欲が湧かなくなって、何も頭に入らなくなってしまいます。それでも高校では最低限の点数を取らなければ単位がもらえないので、なんとかしなければなりません。そんなしんどい経験ばかりになれば、学びへの意欲がなくなっても不思議ではありません。

しかし、ここで学びをあきらめるわけにはいきません。思春期になっても学び続けていくためには、自分自身の学びへの意欲が不可欠になります。ただ一方的に教えられたことをそのまま覚えるという学びではなく、あくまでも主体的な学びにならなければ、学びは苦痛になったとしても自分のためにはなりません。学びたいという意欲、モチベーションがとても重要になります。

もともと自分が興味のあることに対して学びのモチベーションを持つことは難しいことではありませんが、それだけであれば自分の世界は広がりません。新たな学びのきっかけも、出会いと経験の中にあります。

学校での先生や仲間とのやりとりから、それまでぜんぜん知らなかったことへの関心が芽生えることもあります。思春期の学びには、何を学ぶかということだけでなく、誰から学ぶかということが重要になります。人への興味から学びのモチベーションが生まれることで、自分の世界が大きく変わることもあります。学びという点からも思春期の出会いはとても大切です。

思春期の特権

思春期の最大の特権は、なんといっても高校で学ぶことができるということです。制度的には高校は義務教育ではないので、どうしても行かなければならないわけではありませんが、今ではほとんどの人が中学卒業後に高校に進学するようになり、ほとんど義務教育と変わらなくなっています。もちろん、親や適切な保護者がいない、経済的な問題などのために、高校進学が難しい人もいますが、高校教育を受けることができるようにする支援もあり、高校で学ぶ権利が保障されつつあります。

高校教育を受けることは、必然的に働かなくてもよいという特権につながります。つまり、まだ経済的な自立をしなくてもよいと社会が認めていることになります。高校の定時制や通信制は、もともとは仕事をしながら学ぶ制度でしたが、現在では定時制は縮小し、通信制は不登校や学び直しのための場に変わり、「勤労学生」のための役割は終わろうとしています。社会では高校生はアルバイトの労働力として期待されてはいますが、中卒で働く場はほとんど失われているので、働きたくても働くことができません。その意味では、働かなくてもよい特権というよりは、働く権利が奪われているといってもいいかもしれません。

もう一つの特権として、まだ一人前になっていない思春期の段階では、自分探しの迷路で試行錯誤《しこうさくご》をする時間が認められています。どんなに頑張っても思春期の間に本当の自分を見つけ出すことはできないので、とりあえずの自分を試しながら模索を続けていくことが許される特別な時間といえます。今までの自分にとらわれずに新しい自分を試すチャンスであり、やはり思春期にだけ許される特権です。

思春期は大人に向けてスタートする時期なので、過去にとらわれずに未来志向になることが大切です。ただ、現実的に考えることもできるようになるので、夢物語を追い続けてばかりというわけにはいきませんが、多少の大風呂敷《おおぶろしき》を広げるような話は許されます。将来のことを真剣に考えなければならない一方で、まだ何も実績がないのも事実なので、どんな将来を描いても、それが実現できる根拠を示すことはできません。

思春期の人生設計は、大人の社会の事業計画とはまったく違います。実績なき計画と根拠のない自信が許されるのも思春期の重要な特権なので、大きな夢を描くこともアリです。

安全のための注意点

高校生はまだ未成年ということで、社会的な責任が限定的であることも特権かもしれません。犯罪行為をしても原則的には刑事責任を問われることはありませんが、だからといって何をしてもいいということではありません。それどころか、喫煙や飲酒のような問題になると、法律では処罰の対象にはなりませんが、学校からは厳しい処分を受けることがあります。その点では、むしろ大人よりも責任が重いのかもしれません。

高校生には社会的な責任が求められないとしても、責任感はしっかりと持つようにしなければなりません。自分の意志で主体的に行動するようになれば、必然的に責任感も求められます。誰かに被害を与えたときに、自分だけでは責任はとれないかもしれませんが、責任を意識して生きていくようにならなければなりません。その意味で、高校生といえども責任がないというわけではないのです。

法律に違反するとか処罰されるということを持ち出すまでもなく、高校生にもなればやって良いことと悪いことは十分に理解しているし、ある程度の危険は予測できるようになっています。だから、小さい子どものように、道路を歩くときに親がしっかりと手をつないであげる必要はなく、一人で電車やバスに乗って出かけることに親はいちいち口出ししません。それでもやっぱり何をしでかすかわからないところがあって、親も先生も安心して見ているわけではありません。

問題は、やってはいけないことや危ないことはわかっていても、それでもやってしまうことがあるということです。つまり、ブレーキが利かないということです。だから、やってしまったあとに「ヤバい」と思って、言い訳《わけ》したりごまかそうとしたりしてしまいます。それも思春期に必要な試行錯誤だと思えば大切な経験かもしれませんが、だからどんどん失敗してもめげずに頑張れというものでもありません。安全に無頓着《むとんちゃく》なままではあまりにもリスクが高すぎます。

わかっていても失敗してしまうのは、おっちょこちょいな性格のせいだとすれば、結局は自己責任ということになってしまいます。しかし、それは個人の特性だけで説明できるものではなく、そもそも自分の行動を止める力が高校生にはまだ十分に発達していないことによるものなので、みんなに共通した問題です。私たちのブレーキは思春期にはまだ完成しておらず、一般的に20歳を過ぎてやっとしっかりしてきます。それまでの間、もう少し注意が必要です。

自分の行動を広げて経験を積んでいくことは大切ですが、同時に自分のブレーキはまだ未熟で甘いことを念頭に置いておく必要があります。自転車に乗るのと同じように、早め早めのブレーキを心がけて、安全には十分注意してください。

まだ未完成、でもほぼ完成

今は高校生で、これから大学に行って、それから就職して社会に出て行く自分をイメージしていると、大人になるのはまだだいぶ先のことのように思うかもしれません。しかし、時の流れは速く、思春期という時間は容赦《ようしゃ》なく過ぎ去っていきます。大人に向かうトンネルの中をさまよって先が見えない不安と闘っていても、じつは足元は動く歩道になっていて、何もしていないように思っても確実に前に進み、ふと前を見ると出口の光が見えてきたりします。

とくに、学校にいると思春期の時間の流れが見えにくくなるので注意しなければなりません。学校の中で思春期を生きることは、大人社会とは分離された同じ年齢の集団の中で過ごすことであり、大人に近づいていく実感が乏《とぼ》しくなりがちです。学年が上がることで成長を感じることはあっても、子どもの集団にいるかぎり子どもの世界にとどまり、大人へのスタートを切るきっかけがつかみにくくなってしまいます。

いつまでたっても自分がはっきりしてきませんが、結論を待っていたらいつになるかわかりません。「本当の自分」を追い求めつつも、「とりあえずの自分」で歩を進めて行くしかありません。しかし、その思春期独特の不確かさにこそ可能性が秘められています。寄り道をしながらでも、遠回りをしてでも、いろんな出会いと経験を重ねていくことで、自分が作られていきます。まだ見ぬ「本当の自分」に向かって、毎日を生きていくことこそが思春期の仕事です。

自分ではまだ未完成だと思っていても、17～18歳になれば外見的にはもう大人と変わりはなくなり、明日から大人としてやってくれと言われればある程度やっていけることも事実です。自分では気づかないけれど、じつはかなり完成に近づいているものです。だから、あまり自分を過小評価しないで、もう少し自信を持って進んで行っても大丈夫です。まだ未完成だけど、ほぼ完成、というのが今のみなさんの姿です。

Ⅲ　思春期を超えて

第11章　すべてはこれから

結果がすべてではない

思春期は永遠に続くものではなく、いつかその役割を終えるときが来ますが、高校を卒業するようなはっきりとした区切りがあるわけではないので、自分でも思春期を通り過ぎたのかどうかがよくわかりません。これができるようになったら思春期は卒業というような基準はないし、年齢だけでもう大人になったというほど単純なものでもありません。それでも思春期を生き抜くからには、自分はこの時期に何を達成したのかという結果はとても気になります。

現代社会は何かといえば結果が問われ、その結果に対して自己責任が求められる風潮がとても強くなっています。それはまだ自分が完成していない思春期の人たちにも影響していて、高校での学習の結果は成績で評価され、高校生活の結果は卒業であり、受験勉強は入学試験の合否となって突き付けられます。これらの結果は具体的なので、とても説得力があり、それが自分の思春期の結果だと思い込んでしまいます。

しかし、ここまでに繰り返し説明してきたように、思春期の課題には基本的には答えがなく、すべては途中経過なので、最終的な結果が出ることはありません。というよりも、思春期は結果で評価するようなものではないともいえます。高校生として思春期を過ごし、進路指導の中で将来を選択するのがふつうになった現在では、どうしても具体的な結果に注目せざるをえませんが、それらは高校教育の結果にすぎないことに注意しなければなりません。

思春期には結果はなく、あるのは思春期を生きたという事実だけです。いろんな出会いと経験、そこからの学びはとても貴重ですが、それが具体的な結果につながるとはかぎりません。逆に、何らかの結果につながらなければ貴重な学びではなかったということでもありません。思春期のどんな出会いや経験も、結果として評価できるものではないし、ましてや他者と比較して優劣を付けるようなものではないのです。

学歴という結果

とはいえ、結果や他者の評価は気になるものです。しかし、私たちのまわりの評価には不確かなものもたくさんあるので、いたずらに振り回されないように注意しなければなりません。見せかけの結果で自己評価を下げれば、大人としてのスタートを自分から不利にしてしまうかもしれません。そのいちばんわかりやすい例が学歴です。

思春期から大人になる過程でいちばんの節目《ふしめ》は就職で、そこでは学歴がとても重大な意味を持つことになります。社会に出るときに学歴がものを言う「学歴社会」は、日本が近代化された明治時代以来の伝統で、現在でもやはり学歴は大きな意味を持ち続けています。だからこそ「より良い学歴」を求めて、多くの子どもたちは受験勉強に励《はげ》んでいます。履歴書には学歴は必須であり、学歴はまるで戸籍《こせき》のように自分の属性の一部として生涯つきまとうことになります。

そもそも「最低でも高校だけは出ていないと仕事がない」という、中学生でも信じて疑わない常識は、私たちが学歴社会に生きていることを物語っています。最近は、人手不足の業種が増えてきたこともあって、求人広告には「学歴不問」としているものが多くなっているものの、やはり就職するときには高卒以上であるのにこしたことはありません。現在の学歴社会では高卒は最低限の学歴になっているといえます。

今では当たり前でありがたくもなんともないように思われる高卒ですが、本来はとても立派な学歴であることに変わりはありません。なぜなら、誰でも高卒になれるのではなく、中学生のときに受験勉強をして入試を突破し、自分の意志で3年間学んだ結果だからです。ただ、学歴は本来、それを持っている者のメリットになるはずですが、みんなが高卒になってしまうと、そのメリットを失ってしまいます。

現在では大学進学者が増えることで大卒のメリットも失われつつあります。そして、最後に残ったのは、「旧帝大」[*15]とか「早慶上理MARCH」[*16]といった大学ブランド、つまり学校歴で、どの大学を卒業したのかによって、同じ大卒でも差がつくようになってきました。出身大学で人生が左右されるとすれば、大学受験はとても重要であり、受験の結果が思春期の結果と同一視されるのも無理はないかもしれません。

しかし、学歴はあくまでも教育歴、より正確にいえば学校教育歴にすぎません。学歴だけで人間が評価されるものではありません。

＊15　明治19（1886）年に公布された帝国大学令により設立された帝国大学で、戦後新制大学に移行した東京、京都、東北、九州、北海道、大阪、名古屋の7大学。

＊16　大学受験の世界で、関東地方で難易度の高い私立大学として知られる大学群の俗称。早稲田・慶應義塾・上智・東京理科・明治・青山学院・立教・中央・法政の各大学を指す。

学歴の意味

学歴というのは、どのレベルまでの教育を受けたかを表すもので、つまりは教育程度を証明するものです。学校教育は、初等、中等、高等に大別され、初等教育は小学校、中等教育は中学校と高校、そして大学や専門学校は高等教育ということになります。高卒という学歴は中等教育、大卒は高等教育を修了したことを証明するもので、本来それ以上の意味はありません。しかし、学校歴と混同された現在の学歴は、個人のステータスになったり、能力の証明のように拡大解釈されています。

学歴あるいは学校歴が重要な意味を持つ社会というのは、学歴社会というよりも、学校化社会といえます。子どもには教育が必要であることは確かですが、教育は学校だけのものではありません。学校以前に家庭での教育があり、それ以外にもさまざまな学びの機会はあります。しかし、学校教育制度が広く浸透《しんとう》した学校化社会では、学校が教育を独占し、そこでの評価、すなわち成績や学歴が個人の能力証明として通用します。その一方で、学校以外の学びは「非公式」であり、学歴に反映されることはありません。

学校化社会では、個人の能力を学校が評価して決定し、それを世間も承認しています。東大を出ているから頭が良い、偏差値の低い大学だからたいしたことはない――出身大学で個人の資質を勝手に決めつけるのは、学校化社会の証拠です。「高学歴」の人にとっては、いちいち自分の能力をアピールしなくても、出身大学だけでそれなりに処遇《しょぐう》してくれるのだとすれば学歴はとても便利ですが、それが逆にプレッシャーになることもあります。

いずれにしても、学歴で能力が評価されるとすれば、それはあまりにも偏《かたよ》った能力のものさしといわざるをえません。学歴には学校以外での学びは関係なく、思春期にどんなに豊かな出会いと経験をしてきたとしても、そこでの学びはまったく見落とされてしまいます。

能力のものさし

一人ひとりに個性があって、得意なこともあれば不得意なこともあり、考え方や価値観も多様であるとすれば、個人の能力を測ることはとても複雑で難しいものになります。少なくともひとつのものさしだけで測ることは合理的ではありません。

たとえば、走るのは速いけれど数学が苦手な人がいたとすると、その人の能力を数学のテストだけで評価したとすれば、走る能力はまったく評価されないので、能力のない人と判断されてしまうことでしょう。あるいは、人に対してとても優しい気持ちのある人は、どんなテストの点数でも表すことができないので、やはりまったく評価されない可能性があります。

小学校から始まる学校教育では、みんながいっせいに同じ学習をしていきますが、学年が上がり、中学校から高校へと進んでいくにつれて、同級生の学習の足並みはそろわなくなって、得意な教科と不得意な教科がはっきりしてきます。それは必ずしも能力の差ということではなく、一人ひとりの特性がはっきりしてきたということでもあります。つまり、私たちはみんな同じ人間になるように生まれてきたわけではないので、思春期に違いがはっきりしてくることはむしろ自然なことです。

もちろん、学校が一つのテストだけで生徒の能力を評価しているわけではありませんが、最終的に学校教育の結果が学歴として残るとすれば、一つのものさしだけで評価されているのと実質的に変わりません。さらに、学歴は受験の結果で決まるので、結局のところ入試の偏差値がもっとも強力なものさしになります。いずれにしても、学校教育には一つのものさしだけの評価に集約される危険性が潜んでいます。

学歴だけでなく、テストの点数や偏差値のように具体的な数字で示されるものさしを私たちは信用する習性があります。「数字は嘘《うそ》をつかない」などと言いますが、そんなことはありません。テストの点数で能力を評価するのは、採点のルールを了解していることが前提条件になります。採点基準や配点が変われば、点数は変わる可能性があります。できるだけ多くのものさしを使うことで誤差を少なくすることはできるかもしれませんが、そもそも数字で表すことができない能力は測りようがありません。

人間の能力を測ることは簡単なことではないだけでなく、安易に数値化して評価するべきものでもありません。ましてや、これから大人として活躍が期待される若者の能力を正確に見きわめることなどできるはずがありません。なぜなら、まだ何も結果が出ているわけでもなく、あるのは将来への期待と可能性だけなので、現時点で評価できるようなものはないからです。

結果よりもモチベーション

思春期には具体的な結果がないとはいえ、何も得られないまま大人になっていくわけにはいきません。そうだとすると、大人になるために思春期に何を獲得しなければならないのでしょうか。

高校時代の努力はいろんな形で残ります。たとえば、賞状やトロフィーは青春の思い出を形として残してくれます。でも、その思い出だけでその先の人生を生きていくことはできません。難関大学への合格は、それまでの努力の結晶であり、具体的な成果であることは確かです。でも、大学に合格しただけで人生の結果が出るわけではありません。

目標を達成することは喜びであり、自分を褒《ほ》めてあげたくなるし、実際に褒めてあげるべきでしょう。さらに、家族や友だち、先生からも祝福されることで、喜びはいっそう大きくなります。でも、喜びはつかの間です。またこの喜びを味わうために、次の目標に向かっていかなければなりません。

しかし、どんな達成もあくまで思春期の達成であり、それがそのまま大人としての生き方につながるわけではありません。まだ自分がはっきりと見えていないのに、さしあたっての結果だけを頼りに進んで行っても、どこかでついていけなくなってしまいます。模試の成績だけで志望校を決めても、その先の自分の生き方が見えてくるわけではありません。思春期の具体的な結果だけで大人として生きていく道は見えてこないし、人生を生き抜く覚悟にはつながりません。

結果ではないとすれば何が必要なのか——それはモチベーション（motivation）です。モチベーションとは、①動機を与えるもの、刺激、誘因、②動機付け、動機を与えて意欲を起こさせること（『ランダムハウス英和大辞典』）という意味で、自分自身の自発的な意欲ややる気を表す言葉です。人まかせではなく、自分の人生を生きていくためには、モチベーションは不可欠です。

思春期の出会いと経験、青春の感動、目標達成、そして反抗や挫折も、それらはすべて大人へのモチベーションにつながり、それが生きる力の源になります。モチベーションは目に見えないし、数字で表すこともできませんが、自分の中でしっかりと育《はぐく》んでいかなければなりません。結果を残すことではなく、モチベーションを持つことこそが思春期の最大の目標なのです。

少し極端な言い方になるかもしれませんが、モチベーションさえあればあとは何とでもなります。やる気さえあれば志望校に合格できるわけではないかもしれませんが、モチベーションのない大学生活に生産性は期待できません。ただがむしゃらに受験勉強をするだけでなく、大学に進学するモチベーションをしっかりと持つことが大切です。

スタートラインに立つ

紆余曲折《うよきょくせつ》のある長い人生は、しばしばマラソンにたとえられます。一人で42・195キロを走りきるマラソンは、はるか先の見えないゴールを目指すという点で人生と通じるところがあります。そうはいっても、マラソンを走ったことがない人には実感は湧《わ》かないでしょうが、とにかく人生は長くて苦労が多いというイメージは伝わってくるのではないでしょうか。

人生はマラソンだというのなら、高校生のみなさんは今どのあたりを走っているのでしょうか。80年から90年くらいが平均的な人生だとすれば、ちょうど7〜8キロあたりを過ぎたあたりでしょうか。「7キロでも無理！」という人も多いかもしれませんが、いずれにしてもまだまだゴールは遠いというのは確かでしょう。

でも、それは違います。思春期はまだマラソンを走り始めていません。ちょうどスタートラインに立ってスタートの合図を待っているというのが現在の位置です。人生というマラソンを走りきるために、しっかりと準備をして、モチベーションを高めて、これから自分の足で一歩を踏み出そうとしているのが思春期です。だから、まだ走り出しているわけではないので、どんな走りになるのか先のことはわかりません。

まだ1キロも走っていないのなら、今までの17～18年間は何だったのかと思うかもしれません。けっしてボーッとして何もしていなかったわけではないのに、今までの努力は意味がなかったように思われるかもしれません。もちろん今まで生きてきたことは無駄ではありません。すべてはこれからマラソンを走るための準備であり、ウォーミングアップであり、それはマラソンを走りきるためには欠かせない努力です。

いきなり42・195キロを走りきれるものではないことは誰でもわかります。しっかりと練習して体を鍛え、そして何よりも長い距離を走ろうとするモチベーションがなければなりません。大人になる前の思春期は、まさにこれから大人として生きていくための準備の期間であり、だからこそまだ結果とはほど遠いところにいるのです。

未知の世界へ走り出すためにはモチベーションとともに勇気も必要です。不安に打ち克《か》つためには十分に準備する、つまり思春期の課題にしっかりと向き合うことしかありません。2004年のアテネオリンピック女子マラソンで金メダルを獲得した野口みずき選手の「走った距離は裏切らない」という言葉からは、しっかりと準備することがモチベーションと勇気、さらには自信につながることが伝わってきます。

すべてはここから

思春期の最終的な目標は大人になることなので、まずは大人へのスタートラインに立たなければゴールに到達することはありません。といっても、実際に足元に線が引いてあるわけではないので、具体的にスタートラインを意識することはあまりありません。高校の卒業式のような節目の儀式では、そんな思いが出てくるかもしれませんが、実際にはまだ大人の世界に踏み出すような実感はないことでしょう。

問題は、スタートの位置がみんな同じとはかぎらないことです。学力面での優劣や家庭の事情などによる制約によって、どうしても不利な位置からのスタートを強《し》いられる人も出てきます。それは不公平だと感じるものの、自分の努力だけではどうしようもないことも少なくありません。実際のマラソンでも、3万8000人がいっせいにスタートする東京マラソンでは、最後尾の位置からではスタートラインまで20分以上かかってしまいます。

それでも大切なことは、少なくとも自分で自分の評価を下げてしまって不利な位置に下がらないようにすることです。目に見える具体的な結果だけにとらわれていると、自信が持てずに自分から後ろのほうの位置に下がってしまうかもしれません。そうならないためにも頼りになるのは自分の内なるモチベーションです。モチベーションがあれば、不利なスタート位置からでも、周囲に気を取られることなく自分の道にしっかりと踏み出すことが可能になります。

思春期にはまだ結果が出ないということは、まだ何も決まっていないということです。すべてはこれから始まるのです。不確かな大人への道を進んで行くために、少しでも良い位置からスタートできるように、できるかぎりの準備をするのはもっともなことですが、それはあくまでも準備であって、結果が出るのはこれからです。

スタートラインに立つまでは、みんなだいたい同じ道のりですが、そこから先は一人ひとりが違う道を進んで行くことになります。それは誰かに決めてもらった道ではなく、自分が選んだ道です。目的地はまだ見えなくても、まだ迷いが残っていたとしても、モチベーションがあれば大丈夫です。

１８９７年から続く伝統のボストンマラソンのスタート地点には、〝IT ALL STARTS HERE〟（すべてはここから）と書かれた看板があります。この言葉にはしっかりとモチベーションを持ってスタートラインに立ったランナーへの敬意が表れています。ここに来なければばゴールはありません。
すべてはここからです。

第12章　大人になる準備

成長の節目《ふしめ》

長い人生の中で思春期はせいぜい4～5年にすぎませんが、その間に子どもから大人へと大きく変化することから、人生の大きな節目の時期といえます。思春期に生じる変化はすべて子どもから大人へと向かう成長であり、新たな能力や機能を獲得する一方で、子どもらしさを失っていく過程でもあります。そのため、思春期には同じ人間の中に子どもと大人とが一時的に共存することになり、とても中途半端で不安定な状態にならざるをえません。

子どもと大人とでは役割が大きく異なるので、思春期の成長では劇的な変化が生じることになります。そうはいっても、一夜にして子どもから大人に一気に変わってしまうのではなく、数年の期間の中で徐々に変化していくものなので、自分でもあまり変化に気づかないかもしれません。その一方で、大人の条件をすべて満たすところまで成長するのを待っていると、いつまでたっても大人として認められないことにもなりかねません。

思春期の課題は多く、そのうえなかなか結果が出ないものなので、大人の世界に入るタイミングがはっきりしませんが、現実的にはどこかの時点で意識的に線を引かないと、いつまでも中途半端なままズルズルと年齢だけを重ねていくことになります。思春期から大人への成長は、そもそも個人としての変化ではありますが、親や社会とも無関係ではなく、「今日から大人」と自覚するだけでなく、周囲からも大人と認められる節目が必要になります。

社会的に大人と認められるのは、少なくとも成年年齢（現時点では20歳）に達してからになりますが、一人ひとりの意識の中では、本格的に大人としてデビューする前からすでに大人は始まっています。それは大人になる前の準備であり、予行演習として、とても大切です。

しかし、現在では学校生活の中で思春期を過ごすことが一般的になっているので、学校の制度に支配されて、本来の成長の節目がはっきりしなくなり、その結果、私たちは子どもから大人に変わる節目をあまり意識することもなくなってしまいました。年齢よりも学年が成長の基準になり、18歳は高校3年生であり、頭の中は進路の問題でいっぱいで大人を意識するような余裕がありません。大学を卒業するまで待っていては遅すぎますが、それ以前に「今日から大人」という節目を見つけるのはますます難しくなっています。

節目の年齢

まだ高校生であるかぎり、親からも世間からも大人だとは認められないものの、一人の独立した人間として認められるようになる瞬間はあります。それは親が子どもを見る目が変わる瞬間でもあります。そのタイミングは文化や習慣によって異なりますが、だいたい16～18歳くらい、つまり高校生活の後半にあたる時期が一般的です。

かつて日本には「元服《げんぷく》」という儀式があり、これを境に大人として認められました。元服の年齢は厳格に決まったものではなく、男子の場合はだいたい12～16歳くらいが一般的で、女子の場合は結婚が節目になることが多かったものの、未婚の場合は18歳ごろに元服をしていたようです。いずれにしても10代の間には大人の仲間入りをするのが日本の伝統で、今でも古くからのしきたりが残っている地域もあります。

アメリカの場合は日本のような古い伝統はありませんが、やはり子どもを大人として認めるような節目の習慣があります。たとえば、娘の16歳の誕生日に親がジュエリー（宝石）を贈るスイート・シックスティーン（sweet sixteen）という風習があります。もともとはダイヤモンド業界のプロモーションに始まるものですが、大人への仲間入りを祝う風習として今も続いています。また、女子は16歳の誕生日に友だちを招待して盛大なパーティーをすることも定番イベントになっています。

大人になる年齢は学校教育を中心にした社会制度によって変わりますが、社会の成熟とともに遅くなっていく傾向があります。それでも、人間としての成長が遅くなったわけではありません。親や社会によって保護される期間は長くなったかもしれませんが、だから大人としては認められないというものでもありません。

法律や社会制度は人が作ったもので、それが人間の自然な成長と一致しているとはかぎりません。なかなか明確に線を引くのは難しいものの、17～18歳を迎えるころに親への反抗は一段落して、親も子どもに対して身構えることが減ってくる、ちょうどこのタイミングが成長の節目になるかと思います。

子どもとの決別

親からある日突然「今日から大人の仲間入り」と言われても、言われた側にそれを受け入れる心構えがなければ無意味です。親子の間で大人についての考え方に温度差があれば、それが新たな親子の対立の火種《ひだね》になりかねません。子どもから大人への節目には、子ども自身の心の準備が絶対に必要です。しかし、まだ高校生でいるうちは、大人と意識することは少し荷が重いと思うことでしょう。

子どもにしてみれば、高校生のうちに大人だと認めてくれたとしても、実際の生活ではあまりメリットはありません。結婚が認められるわけではなく、お酒やタバコが許されるわけでもなく、大人として具体的に得られるものはほとんど実感できません。原付《げんつき》の免許を取るための年齢要件は満たしても、学校が許してくれないこともあります。それであれば、子どものままでもいいと思うかもしれません。

成長の節目で大切なことは、無理やりに大人の自覚を持つことよりも、子どもである自分と決別する覚悟をすることです。大人になるということは、同時に子どもであることをやめることを意味します。大人の仲間入りをすることによって得られるものがある一方で、子どもの特権を失うことを覚悟しなければなりません。子どもでいることで自由にできないことや我慢《がまん》をしなければならないことはありますが、親や社会から保護されている安心感はあります。いざ保護の傘《かさ》から出るとなれば、それなりの覚悟は必要になります。

子どもから大人への過渡期《かとき》である思春期には、しばらくの間は自分の中に子どもと大人が同時に存在したとしても、いつまでもそのままでいいわけではありません。子どもか大人かは二者択一で、両方のいいとこ取りということはできません。子どもでいたければ大人になることはできないし、大人になるためには子どもであることをやめなければなりません。だから、成長の節目に求められるのは、大人としての自覚を持つことよりも、子どもと決別する覚悟をすることなのです。

甘えの清算

自分の中の子どもと決別するためには、親への意識を変えなければなりません。高校生にもなれば、親に甘えたいという欲求を意識することはあまりなくなることかと思いますが、心の中にはまだ残っているものです。家に帰ってもスマホばかり見ていて、親に何を言われても「めんどくさい」と無視していても、もう親は必要ないとまでは思ってはいません。親に見捨てられれば、たちまち困り果てることは明らかです。

自分の中で大人を意識することは、親から独立しようとすることではありません。今までどおり、親の家で寝起きして、親の作ってくれるごはんを食べて、学校に行くことに変わりがあるわけではないし、親もすぐに家を出て独《ひと》り立ちすることを求めるわけでもありません。成長の節目に求められるのは、自分の意識の中で子どもから卒業して、親への甘えにけじめをつけることです。

子どもの親への欲求には際限がありません。親にしてもらいたいことは山ほどあり、それが叶《かな》えられれば嬉《うれ》しいし、叶えられなければ欲求不満がたまり、かんしゃくを起こしたり、わざと親を怒らせるようなことをしたり、あの手この手で親を困らせるものです。だからといって、親が何でも子どもの要求をきいたとしても、子どもの欲求はどんどんエスカレートしていき、どこまでいっても満足することはありません。

子どもは子どもでいるかぎり、親への欲求がなくなることはありません。それは親への甘えであり、子どもの特権のひとつでもあります。子どもの甘えをどれくらい受け入れるかは、親の性格や考え方によって違いますが、まったく子どもの要求に応えないのでは児童虐待といわれかねません。子どもの欲求に応えるのは親の仕事でもあります。「どのくらいならきいてくれるか」「このくらいまではきいてやろう」――そんな駆《か》け引きが親子の間にはいつもあります。

そんな子どもの特権をまだ十分に行使していないという思いがあれば、なかなか自分の中の子どもと決別するわけにはいかなくなります。もっと話を聞いてほしかった、もっと褒《ほ》めてもらいたかった、もっと反抗してみたかった――これまでの子どもとしての自分を振り返ると、親にしてもらいたかったことが次々と思い浮かんでくるかもしれません。しかし、どこかで線を引かなければなりません。「うちの親は何もしてくれなかった」という不満はあっても、親への欲求を清算しなければ、大人に向かって進んで行くことはできません。

三途《さんず》の川を渡る

そうはいっても、いざ親への欲求を清算して自分の中の子どもと決別するとなると、子どもとしての自分への未練が残るものです。ましてや、小さいころから「良い子」でいれば親に大事にしてもらえると思っていろんな欲求を我慢してきた人には、このまま子どもであることをやめてしまったら、我慢ばかりしてきてとても損したような気持ちになるかもしれません。親を困らせないように反抗せず、親の求めるような子どもになりきってきた人は、自分の中にため込んだ感情のはけ口を永遠に失ってしまう焦《あせ》りを感じるかもしれません。それは貸したお金を返してもらえなくなるような気持ちに似ています。

子どもと決別して大人の仲間入りをするには、そんな未練を断ち切らなければなりません。少なくとも、大人になってからもう一度子どもに戻ってやり直すことはできません。その意味で、子どもから大人になる境目《さかいめ》は、一度越えたら二度と戻ることができない「三途の川」のようなものといえます。成長の節目を死者がさまよう冥途《めいど》を流れる三途の川にたとえるのは奇妙かもしれませんが、子どもへの未練を断ち切って大人の世界に入っていくのは、まさに現世の未練を断つ死出《しで》の旅路に通じるところがあります。

あまりなじみのない人も多いかと思うので、少し説明を加えます。昔から死者の霊魂《れいこん》はあの世、つまり冥界に行くと信じられていますが、仏教の世界では此岸《しがん》（現世《げんぜ》）と彼岸《ひがん》（あの世）の境目にあるのが三途の川で、死後7日目に渡るとされています。この川を渡ってしまったら、もう戻ることはできず、生前の行いによって極楽か地獄《じごく》に行くことになります。

思春期の大人への旅立ちが死出の旅路と違うのは、そこが人生の終末ではなく、まさにスタートラインだということです。それでも、一度越えたら二度と戻れないとなれば、なかなか踏ん切りがつかないこともあるかもしれませんが、ここを越えなければいつまでも子どものままにとどまり、永遠に大人になることができません。

甘えや依存を断ち切って独立して生きていくのは大変なことなので、自分の意志だけではなかなか乗り越えられません。思春期のエネルギーとモチベーションの勢いで、一気にこの節目を越えればなんとかなりますが、そのタイミングを逃すといつまでたっても親への依存から抜け出せないまま、ズルズルと歳を重ねていくことになります。そして、思春期の迷い、悩み、不安からも解放されないままにさまよい続けることになります。

何歳で子どもと決別する決断をしなければならないということはありませんが、あまり先延ばしにせずに自分で踏ん切りをつけることが大切です。

自分に折り合いをつける

いったん自分の中で子どもと決別したら、もう二度と子どもには戻れないとすれば、未練が残らないようにしなければなりません。今までに親にしてもらったこと、してほしかったのにしてもらえなかったことをチェックしてみて、今のうちに甘えておくのも大切です。許された期間のうちは、しっかりと子どもをしておくことで、気持ちよく大人としてスタートしたいものです。

そうはいっても、親への不満もたくさんあることかと思います。これまでにしてもらったことには感謝したとしても、親との対立やわだかまりもあり、これまでの親との関係はけっして良いことばかりだったとはかぎりません。友だちの親が素敵に見えて、自分の親への不満が大きくなることもあります。親への感謝の気持ちがあっても、なかなか素直には言えないのも無理はありません。

自分の親のことを尊敬して誇りに思う人もいれば、こんな親ならいないほうがマシだと否定する人もいるかもしれませんが、親子の組み合わせは変えることはできないので、宿命として受け入れるしかありません。そうはいっても、親への不満や怒りが残ったままでは、結局のところ欲求不満が続いていくことになり、自分の中の子どもと決別する決心がなかなかつかなくなってしまいます。不満だらけの親ほど、そこから巣立つことができない悪循環に陥《おちい》りやすくなります。

百点満点の理想の親などいないので、親に対して不満がないことはありえません。もし自分の親は理想的で非の打ちどころがないなどと言う人がいたとすれば、それこそが親への強い依存の表れであり、自立とはほど遠い状況といえます。いくら不満が残っていても、いまさら親が変わるわけでもないので、結局のところ自分の中で折り合いをつけるしかありません。子どもと決別するためには、親への依存をあきらめることと同時に、親への過大な期待をやめることも必要になります。

親への依存をやめることで、もう親はいらなくなったということではありません。それどころか、これから大人になっていく道のりに親はとても重要な存在であることは間違いありません。親に折り合いをつけることの核心は、親を心の拠《よ》りどころとして自分の中に取り込むことです。直接何かをしてもらうことはなくても、心の中に親がいれば、いつでも親に見守られているようでとても心強く、安心できます。

新たな親子関係

子どもと決別するといっても、親と縁を切るわけではなく、これからも親との関係は続いていきます。ただし、親子関係は大きく変化します。表面的には、相変わらず同じような日常の家庭生活が続いていても、今までの親子とは違う役割や立場に変わっていきます。

高校2年生になって17歳の誕生日を迎えるころには、思春期の反抗のピークは過ぎて、親子関係は落ち着きを取り戻しているかと思います。なかには親子関係が落ち着きすぎて、お互いが淡々《たんたん》と日常生活を送り、むしろ親子が疎遠《そえん》になってしまうこともありますが、その一方で、受験の緊張感などで親子関係がピリピリすることもあるでしょう。しかし、なんでもかんでも親に反発していた嵐のような時期を過ぎれば、それまでよりも冷静に親と向き合えるようになるので、「大人の会話」ができるようになります。

親について自分で折り合いをつけて、心の拠りどころとして親を自分の中に取り込んだとしても、目の前にいる実物の親が自分の親でなくなるわけではなく、子どもが子どもでなくなるわけではありません。子どもが何歳になっても親子であることには変わりはなく、たとえ親が死んでしまったとしても子どもの心の中に親は生き続けていくので、親子関係は永遠に続くものです。ましてや、高校生にはまだ親の世話が必要なので、親子関係はなくてはなりません。

子どもは親の世話を必要としている間は、親を頼りにしてもかまいません。親に反発して親に頼ることをやめれば、さらに困難な道を進まざるをえなくなります。大人の自覚を持つようになっても、親の世話を受ける以上は親に依存していることになると思うかもしれませんが、同じ世話でも親から与えられているのと、自分が求めて受け入れているのとではまったく違います。自分の道を進むために積極的に親を頼ることは、けっして子どもとしての依存ではなく、自立を妨《さまた》げるものではありません。

現在では、大学進学が増えることで教育期間が長くなり、それに伴って親に頼る期間も長くなってきました。親に学費を出してもらえば親はスポンサーということになりますが、だからといってスポンサーの意向を気にすることはありません。親のために大学に行くのではなく、自分のモチベーションを持って進学するかぎり、親の援助を受けることは依存ではなく、応援してもらうということです。これからの人生の協力者として、親との関係を続けていくことが大切です。まだまだ親との関係はこれからも続いていきます。

第13章　自分探しのゆくえ

初志貫徹《しょしかんてつ》

なんとか子どもと決別し、大人として生きていくモチベーションが生まれれば、いよいよ思春期も終わりに近づいて、あとは実際に大人としてのスタートを待つばかりになります。この時点ではまだ自分探しの結論は出てはいませんが、そうかといって答えが出るまでスタートを待ってもらうわけにはいきません。反対に、焦《あせ》って無理やりに結論を出すものでもありません。

大人へのスタートの時点で必要なのは、自分探しの答えを見つけることではなく、とりあえず自分が進んで行く方向性を決めることです。思春期の自分探しの本質は、具体的な結果としての「本当の自分」ではなく、自分の目指す方向性を見つけること、すなわち志《こころざし》を持つということです。すべてはこれからなので、高い志を立てても大丈夫です。

思春期の志は、具体的な職業に就くという目標と同一視されやすいかもしれませんが、あくまでも職業は志を実現するための手段であって、希望する職業に就くことが志を得ることではありません。たとえば、「病気の人を救いたい」という志を持って医師を目指すとすれば、医師になることはその志を得るためのひとつの手段ですが、医師になるのが唯一の方法とはかぎりません。逆に、病者を救う志がなく医師になるのは望ましくありません。

高校を卒業するときに高い志を立てて、しっかりと努力して目的を成就《じょうじゅ》したら、かっこいいだけでなく、とても上手な生き方のように見えます。日本の社会では伝統的に、そんな初志貫徹型の生き方が奨励《しょうれい》されてきたので、思春期のうちにしっかりと志を立てることがとくに重視されてきました。逆に、途中で道を変えることは、あまり良くは見られないものでした。

しかし、現在の社会はそんなに単純なものではありません。思春期の志が大切であることはいつの時代でも変わりませんが、あくまでも初志であって、生きていくなかで次の志が出てくることがあってもおかしくありません。初志にこだわることで人生の可能性を狭《せば》めてしまうこともあります。初志は絶対的なものではなく、志が変わることが否定されるものではありません。

為《な》せば成《な》る？

目標を設定して、そこに向かって最大限の努力をしていくことは、思春期だけでなく、大人になってからの生活でも大切なことは言うまでもありません。思春期の間の目標は、あくまでも途中経過なので、達成できたかどうかということだけで評価されるものではありませんが、努力は貴重な経験として生きていくものです。だから、子どもたちには小さいころから努力の大切さが教えられます。

頑張っているのに結果が出ず、心が折れそうになっている人に「為せば成る」という言葉で励《はげ》ますことがあります。有名な言葉なので、冒頭だけで通用していますが、このあとにまだ続きがあります――為せば成る、為さねばならぬ何事も、成らぬは人の為さぬなりけり。

これは江戸時代の米沢藩主であった上杉鷹山《うえすぎようざん》*17の言葉で、努力をすれば何事も成就できることを教えています。それにしても、冒頭の「為せば成る」だけであれば温かい励ましに聞こえますが、後半はちょっとシビアな結果主義を突きつけられているようで、甘えを許さない厳しさがあります。

ただ、どんなに努力しても結果を出せないことはあります。ひとつは、自分の能力特性と

---

*17　領地返上寸前の米沢藩（現在の山形県置賜《おきたま》地方）の財政再建をした名君として知られる。

あまりにもかけ離れた目標を設定している場合で、残念ながら努力だけでは乗り越えられないことがあるという現実から目を背《そむ》けることはできません。あまりにも非現実的な目標であれば、その目標を立てたこと自体に問題があります。

もうひとつは運とかチャンスに恵まれなかった場合です。希望した職種の採用枠がなかったり、社会経済情勢や制度が変わってチャンスが失われたりすることがあります。これも自分の努力だけではどうしようもありません。この場合は、目標を達成できなかったとしても、失敗でも挫折でもなく、ましてや努力が足らなかったというのはあまりにも残酷です。

運とかチャンスというと運命論のようになってしまいますが、私たちが生きていく上で、自分だけではどうにもならないことがあることは受け入れざるをえません。つまり、自分の志であっても、私たちは一人だけで生きているわけではないので、他者や社会との関係に左右されることがあるということです。

志を持って生きていくということは、自分だけで完結することではなく、さまざまな人とのつながりがあることを忘れてはなりません。そして、人とのつながりは自分探しにもとても重要です。

つながり

高校時代にすでに自分のやりたいことを見つけて志を立て、ぶれることなく目標を達成する初志貫徹は、いちばんかっこいい生き方ですが、それは誰にでもできるようなことではなく、それが「ふつう」だと思ったら大変です。自分のこととはいえ、何をしたいのかを見つけるのは簡単なことではなく、見つけたとしてもそれを達成するのはさらに大変なことです。ただ、かっこよく見える初志貫徹型の生き方も、その一方で潰《つぶ》しのきかない危うさもあり、良いことばかりでもありません。たとえば、甲子園の高校野球で活躍してプロを目指すのは立派な志ですが、プロで成功する人はほんの一握りにすぎません。志が高いほど、簡単に次の目標が見つからず、苦労することが少なくありません。

なかなか自分のやりたいことが見つからない「ふつう」の人にとっては、まずは何から手を付けていいのかさえわからずに戸惑《とまど》うことばかりかと思います。あくまでも自分の問題なので、他人に頼るわけにはいかないし、親を頼ったところで「あなたの好きなことをしたらいい」というだけで何も示してくれません。自分だけで考えていても、選択肢は限られ、新たな発想はなかなか浮かびません。

そもそも無限の可能性の中からひとつの道を選ぶことは至難《しなん》の業《わざ》です。とりあえずいくつかの候補を挙げることができたとしても、そこから一つを選ぶことができずに悩み続けることもあります。そんな自分探しの袋小路から抜け出すためには、自分の世界を出て外の空気を吸ってみるといいでしょう。外の世界に目をやれば、いろんな人がいて、いろんな活動が行われています。

ふとした人との出会いが新たな可能性の始まりになり、これからの生き方のきっかけになることがあります。大学に入学して、たまたま誘われたサークル活動がその後の生き方の軸になったり、バイト先の人たちとのつながりが人生の転機になったりすることはよくあります。

本や映画、最近ではマンガやアニメ、さらにはインターネットからも大きな影響を受けるかもしれませんが、やはり直接的な人との出会いには強烈なインパクトがあります。もちろん、見も知らない人について行くことには危険も伴い、怪《あや》しい誘いには気をつけなければなりませんが、人への興味や関心を失ってしまうわけにはいきません。いずれにしても、自分探しは自分の世界の中だけの作業では非効率で、外の世界に目を向けることで突破口が見つかることがよくあります。

偶然の出会いで人生が決まるとしたら、それまでの迷いや悩みは何だったのかということになりますが、それほどまでに人とのつながりが与える影響が大きいということです。人から認められることで自分の存在意義が感じられ、人から必要とされることで自分の役割が見えてきます。

人の中で生きる

「人は一人だけで生きているのではない」とよく言われます。たしかに、私たちは生まれたときから家族や多くの人たちの中で育ち、学校に行くようになれば多くの仲間たちに囲まれた生活をするようになるので、自分だけで生きているのではないことは間違いありません。そして、まわりの人たちとの関係性によって、何かしらの役割が期待され、それに応えながら人間関係を築いていきます。

大人として社会に出て行くのも基本的には同じで、志を立てて生きていくとしても、けっして一人だけで生きていくものではありません。社会人として生きていくことは、社会の中で何らかの役割を担うことが求められるので、自分探しは役割探しともいえます。そうなると社会の中の自分は、他者との関係性で定義されることになり、自分一人だけで決まるものではなくなります。

思春期には自分が他者からどう見られているかがとても気になります。私たちは人の中で生きていくかぎり、他者との関係から逃れることができません。だから、自分探しが始まる思春期には、まわりの人たちとの関係が気になるのは当然のことです。他者の目を気にしなければ気楽に過ごせるかもしれませんが、それでは社会の中での役割を見つけていくのが難しくなります。

他者との関係で自分探しをしていくのでは、まったく主体性がなく、自分らしさがないように思われるかもしれませんが、関係性の中で生きることが依存的だとか他力本願《たりきほんがん》ということではありません。自分の中で作り上げる独自の自己イメージが「絶対的な自己」であるとすれば、関係性の中で作られる自己イメージは「相対的な自己」といえます。

思春期の自分探しでは「絶対的な自己」に価値があるように思われがちですが、思春期から大人になっていく段階では「相対的な自己」がとても重要になります。「相対的な自己」に気づくことで社会の中での役割と居場所ができていきます。

もちろん、ただまわりの人に合わせて流されていけばいいわけではなく、自分の信念も必要ですが、独《ひと》りよがりになりすぎては思春期の自分探しの迷宮からの脱出はますます厳しくなります。あえて「相対的な自己」を意識することで道が開けていくことでしょう。

ほかでもない自分

思春期の自分探しの到達点は「ほかでもない自分」だとはいうものの、結局のところ思春期の間にそこには到達できません。すでに説明してきたように、思春期には結論が出るものではないので、思春期の自分探しというのは、そもそも到達できない目標を追い求めていることになります。しかし、これから大人としてスタートするのに、自分が見つからないままで大丈夫なのでしょうか。

大人としてスタートするときには、とりあえず何をしたいのか、何をすべきなのかが重要になります。なかにははっきりとした強い志を持って、迷いなく目標に向かって突き進んでいく人もいますが、たいていは「自分のしたいことはこれだ！」というものが見つからず、すっきりしないまま大学生活や職業生活が始まってしまうものです。

しかし、思春期に子どもと決別したところからは、自分の生活が実際に始まっています。そこで生きているのは紛《まぎ》れもない自分であり、それは親の顔色をうかがいながら生きている自分ではなく、誰かに頼って依存的に生きている自分でもなく、一人の独立した人間として生きているのです。

たしかに、自分の中ではモヤモヤとしてすっきりしなくても、今の生き方で本当にいいのかわからず不安や悩みが残っていたとしても、これが現実の自分であり、「ほかでもない自分」なのです。それは、まだ大人としてスタートしたばかりで、まだ何も結果が出ていない段階で評価したり判断したりできるものではありません。だから、正しいとか間違っていると決めつけることはできません。

つまり、「本当の自分」とは、学校のテストの答案のように「本当の自分は○○です」というふうに答えられるものではなく、思春期を生き抜いてきた今の自分そのものが「本当の自分」であり、それはひと言で言い表せるようなものではありません。学校のテストでは、なんとなくわかっていてもそれを答案に書けなければ、わかっていないものとされてしまいますが、人生はそんなに単純ではありません。

思春期の自分探しは、答えられない問題に苦しめられているだけのように見えますが、最終的にはみんなこの課題を終えて大人の世界に進んで行きます。あとから振り返れば、自分探しとは「本当の自分」を探し出すというよりも、社会の中で自分の居場所を見つける作業だったのかなと思うことでしょう。

しがらみ

自分探しのきっかけとしてだけでなく、人生を生きていくためにも、人とのつながりはとても大切です。思春期の自分探しが一段落するころには、「自分が」というとげとげしさもやわらぎ、いろんな人とのつながりにあらためて気づくことができることでしょう。そこから社会性や協調性が生まれ、より安定した対人関係が築かれていきます。

一口につながりといっても、さまざまなタイプの人間関係があります。たとえば、つながりの強さで見てみると、いちばん強いのは親子や夫婦の関係で、そのつながりは「きずな」と呼ぶのがぴったりです。それは利害関係を超えた関係で、感情的に対立することもありますが、簡単には破綻《はたん》しない安定性があります。

社会生活ではほどほどのつながりがちょうどよく、あまり強すぎるつながりは、窮屈《きゅうくつ》になってしんどくなることがあります。とても信頼していて気の合う仲間でも、あまりプライベートなところまで入り込まれても困ってしまいます。親しき仲にも礼儀あり——ほどよい境界線を守ってもらうことで、お互いを尊重した良い関係を続けることができます。

そして、いちばん厄介《やっかい》な人間関係が「しがらみ」です。「しがらみ（柵）」とは、もともと水流をせき止める柵《さく》のことで、それが転じて「まとわりつき、邪魔をするもの」という意味で、ドロドロした恋愛や人間関係を表すのによく使われます。「しがらみ」こそが大人の人間関係の象徴のようなもので、上下関係や利害関係に支配された「しがらみ」から抜け出すことは容易ではありません。

私たちは一人では生きていけないことは理解できても、人のつながりの中で生きていくことはけっこう大変です。厄介なしがらみでも、唯一の希望は、どんな人間関係も強制されるものではないということです。どうしても苦しくて、耐えられないときは、そこから退却《たいきゃく》する自由はあります。そして、苦境から救ってくれるのもつながりです。苦しいときこそ、孤立しないことが大切です。

自分探しのゴール

思春期は答えが出ない自分探しを延々としているように見えるかもしれませんが、成長とともに「自分」というものの本質も変わっていくので、ずっと同じように考えて悩んでいるわけではありません。つまり、思春期の課題に向き合い始めたときの自分と、それから3〜4年たったときの自分とはずいぶん違ってくるので、課題そのものの意義が変わってしまうわけです。

思春期になって自分探しを始めたときには、唯一無二《ゆいいつむに》の自分、つまり「絶対的な自己」を必死で探し求めようとしますが、多くの出会いや経験をとおして、人とのつながりの中で生きていることが意識されるようになってくると、他者との関係の中での自分、つまり「相対的な自己」というものもあることがわかり、「絶対的な自己」へのこだわりが弱まります。

この「絶対的な自己」から「相対的な自己」へのシフトはとても重要で、思春期の課題に向き合った結果として、社会的な存在へと成長したことを意味しています。個人としての成長や存在意義を追求するだけでなく、社会の一員として人の中で生きていることを受け入れることで、大人として社会に適応していくことができるようになります。

子どもは小さいときから親からのしつけで社会のルールを教え込まれますが、それは子どもが集団の中でうまく適応していけるようにするための作業です。つまり、しつけは個人を育てるのと同時に社会に適応する力をつけることが目的であることから、社会化（socialization）とも呼ばれています。大人として自律的に生きていけるようになるためには社会化はとても大切です。

ただ、親がいくら厳しくしつけても、社会化は一朝一夕《いっちょういっせき》には達成されません。社会化には成熟が必要で、まだ未熟な子どもは同じ失敗を繰り返して叱《しか》られ続けるものです。やって良いことと悪いことはわかっていても、自分にブレーキをかけられずに失敗してしまいます。成熟には時間がかかり、思春期の間にはまだ完全には社会化は達成されませんが、「本当の自分」が見つからなくても「相対的な自己」への気づきが生まれてくれば、社会化への道筋が見えてきます。

結局のところ、自分探しのゴールは社会化であり、自分は何者かということよりも、自分と社会との関連づけができるということです。社会の一員という意識が生まれることで、自分探しは一応の決着ということになります。

第14章　思春期の終わり

思春期は終わるもの

思春期は大人になる前の最終段階に相当するので、理屈の上では大人になることで終わることになります。しかし、教育期間が長くなり、大人としての生き方が多様化してわかりにくくなった現在では、大人の入口を見つけにくくなり、思春期の出口も見えにくくなっています。自分自身が中途半端で、まだ未熟だという意識があると、思春期から大人になったという実感が持てず、永遠に思春期が終わらないような感じにさえなります。

身体的な思春期には医学的な定義があり、性的な成熟と身長が急速に伸びる成長のスパートで始まり、身長が伸びるのが止まることで終わるものとされています。医学的には手や足の骨のレントゲン写真で、骨が成長する部分の軟骨（骨端軟骨といいます）がなくなることで判断することができます。だいたい女子で16歳、男子では18歳くらいで身体的な成長は止まり、身体的な意味での思春期は終わります。つまり、身体的には高校生のうちに思春期は終わっているわけです。

現実的には、いつ身体的な成長が止まったのかはあとから振り返らなければ判断できないので、定義どおりに思春期の終わりをリアルタイムで知ることはできません。とはいえ、身体がいつまでも成長し続けることはありえません。必ずどこかの時点で成長は止まることは確かで、大人になれば身長は伸びなくなるのは常識だと思います。ただし、横には成長する余地は多分に残されているので、身体のサイズが最大になるわけではありません。

その一方で、思春期の課題はぜんぜん解決していないので、身体だけが一足早く思春期を終えて大人になるという、心と身体のアンバランスが生じます。思春期の課題の解決を待っていたら、永遠に思春期は終わらなくなってしまい、心と身体はバラバラになってしまいかねません。大人の入口がはっきりせず、かといって成人式のような儀式だけで大人の仲間入りとは言いきれない現代社会では、思春期の終わりは意識しにくいかもしれませんが、それでもやっぱり思春期は終わるものであり、終わらなければなりません。

身体の思春期が終わっていくように時間はどんどん進んでいきます。どんなに思春期の悩みが深くても、まだ大人になりたくないと思っても、時計を止めることはできません。

それでも青春は続く

思春期はどこかの時点で終わっていくものですが、思春期のエネルギーとモチベーションがただちに消えるわけではありません。それどころか、思春期が終わるころには身体的な成長がピークに達して、体力も能力も充実し、人生でもっとも活気に満ちた輝かしい時期を迎えます。思春期に抱《いだ》いた志《こころざし》に向かって本格的に動き出す日々は、まさに青春時代と呼ぶのにふさわしい時間です。思春期は終わっても青春は終わらないどころか、むしろここからが本番かもしれません。

青春といえば友情と恋愛が定番のテーマです。どちらも人間関係の微妙な問題なので、すべてがうまくいくわけではなく、苦悩や挫折もありますが、喜びや感動もあり、まさにドラマや小説のような物語が展開することでしょう。しかし、高校生には学校の規則や親の縛《しば》りも多く、自由は制約されて身動きがとれず、さらには進路の不安も抱えているので、思いっきり青春することは難しいかもしれません。ほとんどの人が高校生として思春期を生きている現在では、高校を卒業してから本格的な青春になることもあるかと思います。

思春期を過ぎてからの青春は、どうやっても答えの出ない思春期の難題からも解放されて、それまで以上にさまざまなことにチャレンジしたり、夢を追いかけたりするような冒険もできるかもしれません。日本一周の旅に出たり、さらには海外に飛び出す若者たちもいます。

この機会に視野を広めて、今まで出会うことがなかったような人たちと出会い、新たなつながりを持つことで、これからの生き方に大きなヒントが得られることもあるので、はっきりした目的や計画がなくても、けっして無駄にはならないことでしょう。

ただし、危ない橋は渡らないように気をつけなければなりません。自由度が高くなれば、そのぶん自分で自分の安全を守らなければならなくなることも忘れてはなりません。安全を意識して、青春を謳歌《おうか》してほしいものです。

思春期は終わるものであり、終わらなければヤバイことになりますが、青春はいつまで続けても大丈夫です。髪の毛が白くなっても青春をしていてもかまいません。永遠の思春期はダメですが、永遠の青春はＯＫです。

結局、答えは出ない

そもそも答えの出せない難題に向き合うのが思春期ですが、思春期の終わりは具体的に見えにくいので、いつまでに答えを出さなければならないのかという期限もはっきりしません。そのため、一生懸命答えを探し求めて、自分の納得のいく答えを出すことで思春期を卒業しようとしても、いつまでも迷い続けて結局思春期が終わらないということになってしまいかねません。

いくら難しい問題ばかりのテストでも、必ず制限時間はあり、答えが出ても出なくてもテストは終わり、そこまでの答案で採点されることになります。思春期も同じで、思春期の自分探しの時間は無制限ではありません。ただ、いつまでに答えなければならないのかという期限が見えにくいので、いつまで頑張ればいいのかがわかりにくいのが厄介《やっかい》なところです。

あとから振り返れば、思春期が終わったことに気づくことはできるかもしれませんが、思春期のまっただ中にいる人には自分の位置が見えません。自分で気づかないうちに思春期が終わっているのだとすれば、答えが出ないままで終わってしまう焦《あせ》りを感じるかもしれません。けっして時間稼ぎをして難題から逃れようとしたわけではなくても、自分の意に反して結果的に答えが出ないままになってしまいます。

でも、思春期の課題はそこで終わりです。思春期は試験に合格して卒業していくようなものではなく、ほどほどの時期に終わらなければなりません。だから、学校の教科のように点数で評価されるものではなく、ましてや他の人と比較して順位を付けるようなものではないのです。一生懸命に思春期を生きても、答えが出ないままに終わることもありますが、だからといって中途半端な大人になるというものでもありません。

思春期の課題は成長のためには重要ですが、明確な答えが出せなければ次のステージ、つまり大人になれないわけではありません。いつまでも答えを追い求めていると大人としてのスタートに遅れてしまうので、ある時期がきたら足元をしっかりと見て、現実の生活をしていかなければなりません。あとはとにかく日々の生活に全力を注いでいくだけです。

ポスト思春期

思春期の終わりをさらにわかりにくくしているのが、教育期間の長期化と就労の先延ばしです。制度的には、９年間の義務教育が終われば、いつでも就労して大人の世界に入っていくことができますが、実際にはほとんどの人が高校に進学し、さらに大学や専門学校に進学する人が増えてきているので、学校から社会に出る時期はどんどん遅くなってきました。その結果、現在では思春期が終わっても、まだ学校教育が続いて就労していない人が多くなり、どこで大人の世界に入るのかがわかりにくくなってしまいました。

仕事に就くことで大人になり、それをもって思春期が終わるのだとすれば、現在の思春期はとても長くなっていることになります。このような傾向は、思春期の延長、長期化、さらには「終わらない思春期」などと言われてきました。しかし、教育期間が長くなったからといって、単純にそのぶんだけ思春期が長くなるわけではありません。17歳ころが重要な節目《ふしめ》になるのは、元服《げんぷく》という制度があった江戸時代と現在とで変わりません。まだ学校教育が終わっていないからといって、思春期のままでとどまるというものではありません。

とはいえ、まだ教育が続いていて社会に出ていないのなら、大人とは言いきれない歯切れの悪さがあります。教育の長期化によって大人になる時期が遅くなっていることは、ただ単に思春期が長くなったというよりは、思春期と大人との間に新たな段階が生まれたというほうが適当で、思春期の後の段階ということで「ポスト思春期」[*18]などと呼ばれることがあります。

第1章で説明したように思春期は子どもから大人になる前の段階であり、子どもか大人かどっちといわれれば子どもということになります。しかし、思春期の先にできてきたポスト思春期は、基本的には思春期が終わってから本格的に大人の世界に入っていくまでの期間なので、まさに「大人見習い」の期間であり、すでに大人としてスタートしているといえます。だから、20歳を過ぎて大学、さらには大学院に進んで学生生活を続けていたとしても、まだ子どもだというわけではなく、大人として勉強を続けていることになります。

経済的自立、つまり自分で働いて生活しているかということだけで、子どもと大人が区別されるものではありません。まだ働いていない大人がいてもおかしくありません。就職した場合でも、すぐに一人前の大人というわけでもないので、やはりこの大人見習い期間としてのポスト思春期を過ごすのが一般的です。

正しい思春期の終わり方

思春期の課題の答えは見つからず、迷い、悩み、不安も解消しないまま、いつの間にか思春期が終わっていくのだとすれば、はじめからしんどい思いをしなくてもすんだのにと思うかもしれません。でも本当にそれでいいのでしょうか。あとから何か困ることはないのでしょうか。もし何も不利にならないのなら、真面目《まじめ》に思春期の難題に取り組まなかった人が得をして、苦しんだ人は損をしたような気になってしまいます。

でも、思春期はそんな甘いものではありません。思春期のドロドロとした迷い、悩み、不安は自然に解消するものではなく、いつまでも続いていきます。思春期が終わるころになると意識することはなくなって楽になったとしても、心の奥底にはそのまま残っています。思春期の難題は解決したのではなく、意識しなくなっただけなのです。思春期を終わるにあたっては、これをどう始末するのかが問題になります。

思春期の課題は明確に答えが出るものではないので、未解決の問題が山積みのままになってしまいます。しかし、いくら考えても答えが出ないとすれば、どうしようもありません。いつまでも考えている時間はないし、もう少し時間があったとしても答えが見つかる見通し

＊18　この他にも「ヤングアダルト」「成人形成期（emerging adulthood）」など、さまざまな用語が提唱されている。

が立たないのであれば、どこかであきらめるしかありません。そうなれば、結論が出ずに問題を先送りにすることになります。

そんな安易なことではダメだ、先送りにしてもあとからツケが回ってくるのなら、今ちゃんとしておかなければと思う人も多いかもしれませんが、思春期の難題はそんな生易《なまやさ》しいものではありません。とことん答えを追求していけば、どんどん深みにはまって抜け出せなくなってしまい、そこから前に進めなくなってしまいます。結論を出すことだけが正しい思春期の終わり方ではないのです。

たしかに、自分探しは自分の存在の根本ですが、自分だけではどうしようもないところがあることも認めなければなりません。つまり、「絶対的な自己」だけではなく「相対的な自己」もあるので、はっきりとした答えが出せなくても人とのつながりの中で大人として生きていけないこともありません。ほどほどのところで折り合いをつけて先に進むことも大切です。

実際には、たいていの場合はとくに意識しなくても、自然に折り合いがついて次のステップに進んで行きます。でも、それがうまくいかず、いつまでも自分探しの袋小路《ふくろこうじ》から抜け出せない場合は、意識的に切り上げる、つまり問題を先送りして、思春期の課題に終止符を打つことが重要な作業になります。ここで未解決の問題は心の奥底にしまい込み、しっかりと蓋《ふた》をしなければなりません。そして、ちょっとやそっとでは蓋が開かないように閉じ込めておくことが大切です。

これからの親との関係

思春期は子どもから大人への移行期であり、身体的な変化だけでなく、生活も大きく変化します。依存的な生活から自立した生活に移行していく過程では、親との関係が劇的に変わっていくことになります。実際に、親との関係の変化から思春期の終わりを感じることができます。

親への反抗は思春期のまさに象徴で、親に反抗することで親に依存した自己を破壊し、新しい自己を作り出すとても重要な仕事です。しかし、思春期の重要な仕事とはいえ、親子関係にはとてもストレスの高い過酷な時間であり、ともすれば親子が決裂するような深刻な危機になることもあります。幸いなことに、思春期の反抗は期間限定のもので、思春期が終われば何ごともなかったようにまた元の親子に戻ることができるので、あまり心配する必要はありません。

あんなに対立して言い争った親と何ごともなかったかのように付き合えるようになるのは不思議です。友だち関係ではなかなかそこまで関係を修復するのは難しいかもしれません。

それができるのも、思春期の未解決問題を心の奥底にしまい込んで、しっかりと蓋をしたおかげです。親への反発や反抗も一緒にしまい込んでしまえば、過去の言動にとらわれることなく、また親と付き合っていけるようになります。親は親で、急にものわかりが良くなって角《かど》が取れて丸くなったわが子を見て、「あー、思春期が終わったかな」と思うもので、けっしていつまでも根に持っているわけではないので気にしなくても大丈夫です。

思春期が過ぎて大人になっても親との関係は続きます。ポスト思春期には、まだ自立した生活ができるところまではいかないので、親の世話を受け続けることになりますが、親子関係はそれまでと同じではなくなっています。親への依存はぐっと減るので、一人の独立した人間としての付き合いに変わっています。親がしてくれる世話は、親の義務でしているのではなく、あくまでも一人の大人への支援や協力というものです。

ポスト思春期に親がしてくれる世話は、もし親子ではなく他人同士だったら、何らかの対価を支払わなければならないくらいのことです。家庭は寮や下宿ではないので、家賃も食費も払わずに当たり前のように世話になっていますが、もはや子どもではないので世話になっていることはしっかりと意識すべきです。親から見れば、いつまでも子どもであることは変わりませんが、一人の人間としてはもう子どもではありません。

生きる力

思春期は子どもから大人への成長の節目ではあっても、そこで成長が完了して大人になるわけではありません。思春期を過ぎて大人として生きていくことになっても、その時点で人間として完全に成熟したわけではなく、まだまだ成長は続きます。たしかに、20代で体力のピークは過ぎて、さまざまな衰えを感じることは多くなりますが、その一方でさらに成長し続けていく能力もあります。たとえば、単純な記憶力は低下しても、情報を分析して判断する能力は年齢とともに高まっていきます。

大人としてさらに成長していく原動力は、思春期を生きてきたことで得られた「生きる力」です。はっきりした答えは出せなかったとしても、しっかりと迷い、悩み、不安と向き合ったことで、大人として生きていく覚悟が生まれ、それが生きる力につながっていきます。思春期が終わると迷いと悩みはやわらぎますが、不安がなくなることはありません。不安は生きる力の足を引っ張るかもしれませんが、健全な不安は慎重な判断を引き出して暴走を抑止することができるので、安全のためにはとても大切です。

思春期が終わったらすぐに大人として全力疾走するわけではありません。現在の社会では、20歳そこそこの若者が即戦力になるわけではなく、大人としての成長はまだまだこれからです。学歴だけで将来が保証されるわけではないし、どんな大企業に就職したとしても、それだけで将来の生活が見通せるわけでもありません。大人として人生を作り上げていくために、思春期に育《はぐく》んだモチベーションを生きる力に発展させていかなければなりません。

生きる力は教科書の学習だけで得られるものではありません。実際の生活体験がとても大きな意味を持ちますが、思春期を学校で過ごすようになった現在では、学校が生活体験の主要な場になります。学校での学びや経験は、すべて生きる力につながる貴重なものです。効率的に学習して具体的な結果としての成績を追求するだけでなく、先生や仲間との交流、やりとり、活動など、あらゆる学校生活にも意味があることを忘れてはなりません。

高校生活をたっぷり経験するとともに、しっかりと思春期の課題に向き合って生き抜くことが、生きる力につながります。高校生の迷い、悩み、不安が無駄になることはありません。

第15章 思春期を生きるということ

大人の原点

思春期を生きているときは、思春期というものの正体ははっきりしませんが、思春期を超えて大人になり、そして頭に白髪が混じるころになって振り返ると、人生の中での思春期の意味や役割が見えてくるような気がします。この本の締《し》めくくりとして、高校生の視点から離れて、大人としての人生を生き抜いたところから思春期を振り返り、思春期という時期を総括してみたいと思います。高校生のみなさんにはあまりにも先の話で実感が湧《わ》かないでしょうが、別の視点から思春期をとらえ直してみることで、エイリアンのような大人たちが少し理解できるようになるかもしれません。

現在の自分の起源は、いうまでもなく母親からの誕生で、母親が産んでくれなければこの世には存在していません。もっとも、新しい命が生まれるためには父親も絶対に必要なので、父親の貢献も考慮すれば、受精の瞬間がまさに自分の原点ということになり、まだ生まれる前から人生は始まっているともいえます。

しかし、自分のこととはいえ、自分の命が生まれたときの記憶はないので、それが自分の原点だと言われてもピンとこないところがあります。生まれたときの写真や、さらには母親の胎内にいたころのエコー検査の画像も残っていれば、具体的な自分の起源を目で確認することはできますが、そこに写っているのが自分自身であることは確かであっても、記憶にないことにはどうしても実感が伴いません。

たしかに、親からすれば子どもの人生の原点は誕生の瞬間であることは間違いありませんが、子どもにしてみれば理屈ではそうだと思っても、そこが自分の原点だとは納得できなくてもしかたがありません。

それに比べて、「第二の誕生」である思春期（第5章を参照）は、迷い、悩み、不安にさいなまれながら、まさに命がけで生き抜いてきたことで、自分でも意識できる原点といえます。ただし、大人になってしまうと思春期の記憶は薄れてしまうので、リアリティには欠けるところがあるかもしれませんが、それでもそこに今の自分の原点を感じることはできます。

大人になってからの自分史をさかのぼると、現在の自分の源流の多くを思春期に見つけることができます。思春期のころの出会いと経験、試行錯誤《しこうさくご》は、まさに大人になった自分の原点であり、そこから自分の人生が始まったといえます。

初心を忘れる

大人の人生が思春期に始まるとすれば、思春期の志《こころざし》はまさに初めての志、すなわち初志ということになります。初志を貫徹する生き方がいちばんかっこいいとはいえ、思春期に志を立てても、紆余曲折《うよきょくせつ》のある人生を進んで行くうちに、いつの間にか初志はおぼろげになり、はるかかなたにかすんでしまうものです。逆に、初志がそのまま残り続けたとすれば、それが実現しなかった人生には悔いや未練がたっぷり残ってしまうので、これもやっぱり心の奥底にしまい込んでおかなければなりません。むやみに初志を引っ張り出してくると、自己嫌《じこけん》悪《お》や劣等感にさいなまれることになります。

初心忘るべからず――誰でも聞いたことがあるこの言葉は、室町時代の能役者、世阿弥《ぜあみ》によるもので、初心（すなわち初志）を忘れてはいけないことを教えています。[*19] しかし、そんな教訓があるのは、人はみんな初心を忘れるものだということを如実《にょじつ》に表しています。大

＊19　室町時代に能楽を大成した世阿弥が、父観阿弥《かんあみ》の教えをもとに著した能楽論書である『風姿花伝』の一節。

人になっても初心を忘れずにいることは当たり前にできることではなく、常に自分自身を振り返りながら意識していなければできることではありません。それでもやっぱり、思春期の志はいつの間にか意識の中から消え去り、「大人の事情」に流されて生きていくようになるものです。

思春期の初心は、大人としてスタートするときの意気込みであり、それは自分の可能性に挑戦するモチベーションそのものでもあります。具体的に何がしたいのか、どんな人間になりたいのかということよりも、目標に向かってチャレンジしていこうとする意志であり、未知の世界への道を切り開こうとする勇気です。そんなチャレンジ精神は大人になるとすっかり影を潜めて、「ま、いっか」と流されやすくなるものです。初心は大人へのスタートを切るときに背中を押す力になるもので、大人になってしまえば、その役割を終えるのかもしれません。

初志を得る、つまり思春期のときの目標を達成することは簡単なことではなく、むしろ達成できないことのほうが圧倒的に多いと思います。だから初志にこだわるばかりではなく、試行錯誤をしながら軌道修正をしていくことも大切です。大人としての人生が初志とはまったく違うものになっていたとしても、だからといって人生は失敗だったというものでもありません。

大人になってしまえば、思春期のころのような根拠のない自信や、何の実績もなく大風呂《おおぶろ》敷《しき》を広げても誰も相手にしてくれませんが、チャレンジする意欲は持ち続けることができます。「初心に返る」というのは、人生をやり直すというよりも、忘れかけたチャレンジ精神の大切さを教えているように思います。

未練、後悔、憧憬《しょうけい》

思春期には無謀《むぼう》ともいえるような高い志を立てることがあります。それは現実的にものごとを考えるようになった大人には、非現実的な夢物語にしか映らないので、まともに取り合ってもらえません。ましてや、高校3年生になって具体的な進路を決めていくころには、そんな大志を抱《いだ》いてばかりいるわけにはいかなくなります。それでも、思春期に見つけた目標やあこがれは、紛《まぎ》れもない自分の志であり、簡単に捨て去ることができるものではありません。

そんな高い志も思春期が終わると心の奥底にしまい込まれるので、大人になってからまったく違う生き方をしたとしても、初志を貫くことができなかった自分を責めることもなく、平穏に生きていくことができます。しかし、目標を達成できなかったとしても、思春期を精一杯生きたとすれば、未練や後悔は残らないのでしょうか。

甲子園の高校野球で負けたチームの主将がテレビのインタビューで「悔いはありません」と答えたりしますが、本当に悔いはないのでしょうか。たしかに試合が終わってしまえばその結果を受け止めざるをえません。悔やんでも結果が覆《くつがえ》るわけではないので、「悔いはない」と言うしかありません。でも、本当は勝ちたかった、目標を達成したかったのだから、負けたことには未練や後悔があるに違いありません。

目標を達成できずに満足することはありえません。それでも本当に悔いはないというのなら、その程度の志だったのかということになります。なんとしても達成したいという目標であれば、悔いが残らないはずがありません。ここでもやはり思春期の志は、思春期が終わると心の奥底にしまい込まれてしっかりと蓋《ふた》をされるので、いつまでも未練や後悔にさいなまれずにすみます。そして大人になると、思春期の達成できなかった目標は、憧憬（あこがれ）となって、まぶしい青春の思い出になるものです。

ひとつのことに打ち込んだ思春期への憧憬は、懐かしさと同時に、若いころの自分に励《はげ》まされて、新たな目標に向かって頑張る原動力にもなります。目標を達成できなかったとしても、ひたむきな思春期の生きざまは、大人としての人生にもいろんな形で影響を残していきます。

パンドラの箱

思春期のドロドロした感情や悩み、失敗や挫折、自己嫌悪やコンプレックス、さらには気恥ずかしくなるような高い志は、大人になるときにすべて心の奥底にしまい込まれてしっかりと蓋をされ、ちょっとやそっとのことではその蓋は開きません。だから、大人になってから思春期のころを思い出そうとしても、記憶は断片的で、あのころの迷い、悩み、不安も簡単にはよみがえってくることがありません。

思春期の不安定で不確かな自分についての記憶を封印するのは、私たちの心を守る仕組みなのかもしれません。いつまでも迷い続けていては地に足を着けて生きていくことはできず、過去の失敗を引きずり続けていては自分に自信が持てません。大人としてスタートするためには、思春期に区切りをつけて、リセットすることはとても大切だと思います。

そのおかげで、大人たちは思春期の課題に今向き合っている現役の若者たちの気持ちを、当事者の目線で共感することができず、自分たちもかつて同じように苦悩したはずなのに、まったく理解してあげることができなくなっています。挙げ句の果てには、「今どきの高校生は甘い」「何を考えているのかさっぱりわからない」と切り捨て、思春期の反抗を大人への挑戦として、本気で対決したりもするものです。

思春期の未解決問題を閉じ込めた心の奥底は、絶対に開けてはいけないパンドラの箱のようなもので、開けたら大変なことになってしまいます。パンドラの箱とは、ギリシャ神話に出てくるすべての悪と災《わざわ》いの詰まった箱で、パンドラという女性がこの箱を開けてしまったために人間界にあらゆる災いが解き放たれてしまいました。パンドラの箱は触れてはいけない事柄という意味で使われますが、まさに思春期の未解決問題にもぴったり当てはまります。

心の奥底の蓋を開けて思春期の課題に再び触れてしまうと、一気に思春期に戻ってしまいます。そして、大人になってから思春期に戻ると、また大人に戻ることがとても難しくなってしまいます。だから絶対に開けてはいけません。若者たちから「頑固おやじ」「わからずや」と言われ、軽蔑《けいべつ》の視線を向けられても、無理に若者の気持ちを理解しようとする必要はありません。子どもたちからは「大人はわからん！」と言われるのが本当の大人です。

とはいえ、絶対に開けてはいけないと言われるとかえって開けたくなるものです。でも、やっぱり思春期の蓋は開けてはいけません。未練や後悔、リベンジの欲求が思春期の蓋を開けさせようとすることがありますが、その誘惑に負けてはいけません。

心の故郷

しっかりと蓋をして心の奥底にしまい込んだからといって、思春期の記憶が消えてしまうわけではありません。自分の心の中にはしっかりと残されているのは確かです。だから、蓋を開ければ、いつでも鮮明によみがえらせることはできます。私たちは思春期を切り捨てて大人になっていくのではなく、あくまでも思春期を生きたという事実があって、そこから大人としての人生を築いていきます。

思春期のトンネルを抜けて大人の世界での生活が始まると、もう思春期を振り返ることはなくなり、前を向いて自分の道を突き進んで行きます。新たな人間関係、新たな役割が生まれることで、思春期はあっという間に見えなくなるほど遠ざかっていきます。大人としてさらに成長していく毎日を過ごしていると、思春期を振り返ることもほとんどなくなってしまいます。

でも、ときおり思春期に戻りたくなるときもあります。同窓会で久しぶりに昔の友だちと会えば、青春時代の話題で盛り上がり、懐かしさがこみ上げてきます。同級生とカラオケに行けば、はじめはかっこつけて今どきの歌を歌っていても、誰かが高校時代に流行《はや》った歌を歌うと、一気に懐《なつ》メロ大会になってしまうこともよくあります。何年たっても思春期の思い出が消え去ることはありません。

さらに時が流れて定年退職を迎えるころになると、なおいっそう思春期への回帰が強くなることがあります。仕事や子育てが一段落して自分の時間が持てるようになると、思春期のころに夢中になっていたことをまたしてみたいと思ったりします。高校時代に仲間とバンドを組んで音楽活動をしていた人がオヤジバンドを結成したり、バイクでツーリングに出たり、年甲斐《としがい》もなく遊び始めたりすることがあります。

それはまさに大人としての人生を生き抜いて、自分の原点である思春期に回帰しているように見えます。そこがいちばん居心地のいい場所であるかのように、還暦《かんれき》を迎えた「元若者」たちが思春期に戻っていきます。思春期は大人としての人生の原点であると同時に、心の故郷であり、いつまでも懐かしく、ときどきそこに帰りたくなるところとして心の中に生き続けていきます。

夢は続く

思春期への回帰といっても、60歳を過ぎた身体は若いころのようには動いてくれないので、年相応に楽しむことになります。それでも思春期のころに夢中になっていたことは、数十年の時を経てもなお、自分の身体の中に染みこんでいて、すぐに勘《かん》を取り戻してそれなりに楽しむことができます。

思春期への回帰は、昔やっていたことをまたやってみることだけでなく、当時したかったけれど、いろんな事情でできなかった、あるいはやってみたけど最後までやりきることができなかったことに、もう一度チャレンジすることもあります。それは、未練や後悔へのリベンジであり、思春期に破れた夢、叶《かな》えられなかった夢の続きを追いかけることでもあります。とはいっても、思春期のときのようにがむしゃらになったり、プレッシャーに押しつぶされたりするようなものではなく、ずっと気楽に楽しむことができます。その意味では、リベンジというよりも、昔の自分への憧憬なのかもしれません。憧憬に自分を重ねることだけであればパンドラの箱が開くことはありません。実際に、50～60歳代になって大学や大学院に入学して勉強したり、楽器やスポーツの教室に通い始めたりして、生き生きと過ごしている人たちがたくさんいます。

思春期にやり残したことがあったとしても、30～40年の時間を越えて、もう一度チャレンジすることができるとすれば、思春期から大人になる時点で叶えられなかった夢は、そこで終わってしまうのではなく、生涯にわたって続くといえます。幼いころの性格はいつまでも変わらないということを「三つ子の魂《たましい》百まで」と言いますが、思春期の夢はいつまでも続くとすれば「十八の夢百まで」ということでしょうか。

思春期の夢は、それが叶うか叶わないかという結果しだいで達成感や挫折感を味わうことになりますが、大人になってからの夢はまさに純粋な夢で、達成するかどうかというよりも、心の中に持ち続けることに意義があります。夢があることは心の支えになり、豊かな気持ちで生きていくことができます。思春期の夢は、いったんあきらめたとしても、それは生涯にわたる生き方の基軸としてずっと続いていきます。だから、思春期には高い志やでっかい夢を持つことは、無駄ではないし、とても大切なことだと思います。

人生の礎《いしずえ》

子どもの人生は親が描いた設計図どおりになるものではなく、大人としての人生は思春期に抱いた志のとおりになるものではありません。とくに変化の激しい現代社会を生きるということは、先が予測できない不確かさがあって、自分の意志や努力だけではどうにもならない厳しさがあります。だから、高校生のときにはっきりとした人生の設計図を作ることは難しいだけでなく、それを実現することはさらに難しいことです。

しかし、大人としての人生を生き抜いたところから振り返ってみると、大人になってもずっと続く基軸のようなものが、やっぱり思春期にできていることに気づきます。思春期のときには見えないものの、結局のところ、大人としての自分は思春期のときに作られ、それでずっと生きてきたように思います。

はっきり形が見えなくて、具体的な実績があるわけではありませんが、思春期という時期に人間としてのかなりの部分が作られています。まさに未完成だけど、ほぼ完成しているのです。そうであれば、思春期をしっかりと生きることはとても大切です。つまり、思春期にその先の大人としての人生の礎を築いているというわけです。

思春期に築く人生の礎とは、建物にたとえれば基礎の部分、土台です。建物が完成してしまえば目に付きにくい部分ですが、基礎がしっかりしていなければ建物は傾いてしまいます。どんなに見栄《みば》えの良い建物であっても、基礎がなければ成立しません。

思春期に築く人生の礎は、生涯にわたる生きる力になります。高校の成績や受験の結果は、まさに建物の部分で、とかくそこが注目されがちですが、それ以前に土台がしっかりしていなければ意味がありません。目に見える結果も大切かもしれませんが、だからといって土台をおろそかにしてはいけません。

安定した土台を作るのは、思春期の出会いと経験、試行錯誤、そして迷い、悩み、不安と向き合う日々です。だから、目先の結果だけにとらわれず、しっかりと思春期を生きなければなりません。思春期の間は中途半端でもかまいません。思春期に築いた礎の上に、「本当の自分」が姿を現してくることを信じて、思春期を生き抜いてください。

あとがき

本書のテーマは、ずばり「思春期とは?」ときわめてシンプルですが、この問いに答えるのに200ページも費やしてしまいました。日頃からあまり本を読むことがない人にとっては、最後まで読み通すのはとても忍耐のいることだったと思います。まずは、お疲れ様、そしてありがとうございました。

しかし、せっかく最後まで読んだのに、結局のところ思春期とは何だったのかがはっきりしないままで、かえってもやもやした気持ちになってしまった人も多いかもしれません。もしそうだとすれば、それはまさしく今あなたが思春期を生きていることの証拠です。そのとらえどころのない感じこそが思春期というものであり、それはひとことで言い表せるような単純なものではありません。

教科書に書いてあるような思春期は大人の目から見たもので、思春期のまっただ中にいる人の主観的なものとは違います。思春期はこういうものだと無理やり納得できるものでもありません。現実的には、このもやもやした不確かな年月をいかに生きるかが重要であり、本書から何かひとつでも手がかりを摑《つか》んでいただけたとすれば、著者としてたいへん嬉《うれ》しく思います。

それにしても、思春期をはるか昔に通り過ぎ、まもなく還暦《かんれき》を迎えようとする筆者が、高校生の視点から思春期を論ずるのは無理があるばかりか、非常に危険な冒険でもありました。自分自身の思春期はすでに心の奥底にしまい込んで、なんとかここまで生きてきましたが、いい歳をして思春期を振り返ることでパンドラの箱が開いてしまったら大変です。本書を執筆するにあたり、恐る恐る高校時代の日記を開けてみましたが、やっぱりほとんど忘れていて、「そんなこと考えていたのかな」と、まるで他人事《ひとごと》のようにさえ感じました。ちょっと寂《さび》しい気持ちになりつつ、あらためて自分の思春期は遠く過ぎ去ってしまったことを実感しました。

そんな記憶の空白を補ってくれたのは、これまで30年あまりの思春期精神科外来での中高生たちとのやりとりでした。彼らの苦難や不安を聴きながら、中高生の目線で思春期を追体験し、そこからどう生きていけばいいのかを一緒に考えさせてもらいました。一人ひとりに伝えきれなかったことも含めて、彼らから学び、考えてきたことを、今思春期のトンネルを進んでいる高校生に伝えたかったのが、本書執筆のモチベーションでした。

　気をつけなければならないのは、精神科医療の場では、どうしても「病気」というとらえ方から離れられないので、中高生の当たり前の迷い、悩み、不安にも何かしらの病名を付けてしまうことです。現在の精神医学には500以上もの病名が用意されていて、生活の中で起こりうるあらゆる苦痛や困難に病名を付けることが可能です。そうなれば、思春期は病名で溢《あふ》れた、とても病んだ世界になってしまいます。

　でも、それは違います。どんなに迷い、悩み、不安にさいなまれていても、思春期のみなさんは病んでいるわけではありません。苦しいのは思春期を生きているからであって、その苦しみこそが思春期だからです。手っ取り早い解決を求めれば、医療に期待することもあるかもしれませんが、残念ながら思春期の苦悩の特効薬はありません。学校や社会への適応に苦労していたとしても、それはまさに思春期の仕事をしていることであり、けっして異常ではありません。

　思春期の精神科医療に携わってきた精神科医として、みなさんに「君たちは病んでいない」というメッセージを送ることは、自らのパンドラの箱を開ける危険を冒《おか》してまでも、本書を執筆した筆者の思いです。たしかに、すっきりしない日々を過ごすことも多いかもしれませんが、けっして異常なことが起きているのではないと信じて、生き抜いてもらいたいと思います。

思春期についての一般向け書籍としては、『思春期の子どもと親の関係性――愛着が導く子育てのゴール』(2016年)、『思春期の育ちと高校教育――なぜみんな高校へ行くんだろう?』(2018年)と合わせて、思春期三部作となりました。しかし、前二作とは違って、今回は高校生向けの本ということで、筆者にとってはまったく未知の世界へのチャレンジであり、どう伝えればいいのか、わからないことや不安でいっぱいでした。

幸いなことに、前作でもお世話になった北海道の北星学園余市高等学校の生徒や教員のみなさんから貴重な意見や励《はげ》ましをいただいて、最後まで書き上げることができました。ここにあらためて感謝の意を表します。

最後に、この冒険にご理解をいただき、本書の出版にご尽力いただいた福村出版の宮下基幸社長に感謝申し上げます。

2019年4月

小野善郎

IT ALL STARTS HERE ——
第113回ボストンマラソンにて、
スタート前の著者（2009年）

【著者紹介】

小野善郎（おの・よしろう）

略歴：1959年愛知県生まれ。
和歌山県立医科大学卒業。同附属病院研修医、ひだか病院精神科医員、和歌山県立医科大学助手、和歌山県子ども・女性・障害者相談センター総括専門員、宮城県子ども総合センター技術次長、宮城県精神保健福祉センター所長を歴任。

現在：2010年4月より和歌山県精神保健福祉センター所長。精神保健指定医、日本精神神経学会精神科専門医、日本児童青年精神医学会認定医、子どものこころ専門医。

主著：『思春期の育ちと高校教育』（福村出版、2018年）、『ラター 児童青年精神医学【原書第6版】』（明石書店、2018年）、『思春期の子どもと親の関係性』（福村出版、2016年）、『続・移行支援としての高校教育』（福村出版、2016年）、『思春期の親子関係を取り戻す』（福村出版、2014年）、『移行支援としての高校教育』（福村出版、2012年）、『子ども家庭相談に役立つ児童青年精神医学の基礎知識』（明石書店、2009年）、『子どもの攻撃性と破壊的行動障害』（中山書店、2009年）、『子ども虐待と関連する精神障害』（中山書店、2008年）、『異常行動チェックリスト日本語版（ABC-J）による発達障害の臨床評価』（じほう、2006年）など。

思春期を生きる
高校生、迷っていい、悩んでいい、不安でいい

2019年 5月20日　初版第1刷発行
2021年12月10日　　　第3刷発行

著　者　　小野 善郎
発行者　　宮下 基幸
発行所　　福村出版株式会社
〒113-0034　東京都文京区湯島2-14-11
電 話　03（5812）9702
FAX　03（5812）9705
https://www.fukumura.co.jp
カバーイラスト　はんざわのりこ
装　丁　　臼井弘志（公和図書デザイン室）
印刷・製本　中央精版印刷株式会社

Printed in Japan
ISBN978-4-571-23060-8
日本音楽著作権協会（出）許諾第1904036-901号